ADRIANA UND ALFRED METTLER

Crazy Country USA

Für Simon und Fabian

ADRIANA UND ALFRED METTLER

CRAZY COUNTRY USA

NOTIZEN AUS EINEM EIGENWILLIGEN LAND

orell füssli
verlag

Die Autoren bedanken sich bei der Schwyzer-Stiftung, Zürich, für einen Beitrag an das Buchprojekt.

2. Auflage 2021

Orell Füssli Verlag, www.ofv.ch
© 2020 Orell Füssli AG, Zürich
Alle Rechte vorbehalten

Dieses Werk ist urheberrechtlich geschützt. Dadurch begründete Rechte, insbesondere der Übersetzung, des Nachdrucks, des Vortrags, der Entnahme von Abbildungen und Tabellen, der Funksendung, der Mikroverfilmung oder der Vervielfältigung auf andern Wegen und der Speicherung in Datenverarbeitungsanlagen, bleiben, auch bei nur auszugsweiser Verwertung, vorbehalten. Vervielfältigungen des Werkes oder von Teilen des Werkes sind auch im Einzelfall nur in den Grenzen der gesetzlichen Bestimmungen des Urheberrechtsgesetzes in der jeweils geltenden Fassung zulässig. Sie sind grundsätzlich vergütungspflichtig.

Umschlaggestaltung: Hauptmann & Kompanie Werbeagentur, Zürich unter Verwendung eines Fotos von © picture alliance/Ben Thomas/Hasselblad/Cover Image
Druck und Bindung: CPI books GmbH, Leck

ISBN 978-3-280-05726-1

Die Deutsche Nationalbibliothek verzeichnet diese Publikation in der Deutschen Nationalbibliografie; detaillierte bibliografische Daten sind im Internet unter www.dnb.de abrufbar.

INHALTSVERZEICHNIS

Vorwort 9

THIS LAND IS YOUR LAND   11

Viele Gesichter 12
A great country 12
A big country 16
A diverse country 18
A rich country – a poor country 21
A religious country 23

Stadt, Land und dazwischen 26
Cities 26
Suburbia 29
Rural America 32
Von hier nach dort 35

Das kleine und große Einmaleins 38
Die ersten acht Schuljahre 38
High School 41
College und University 45
Football und College 48
Der schleichende Niedergang 50
Berufliche Ausbildung 52

INHALTSVERZEICHNIS

It's the Law 55
We the People 55
Jury Duty – beinahe 58
Jury Duty – diesmal gilt es ernst 62
College admission scandal 67

THAT AMERICAN WAY OF LIFE · 71

Family and such 72
Amazing kids 72
Get together 75
Merry Christmas 78
Dining 80
... and drinking (Coffee) 84

(Sich) darstellen und präsentieren 86
Hi, how are you? 86
No confrontation, please! 87
Talking and speaking 90
Do you speak English? 92
Be happy 95

Ernährung und Gesundheit 98
Übergewichtig und fettleibig 98
Food und Fabrik 101
Neue Bewegungen 103
Healthcare 105
Drugs and Doctors 108
Opioid crisis 112

Überdreht 114
Alkohol 114
Busen, Körper, Doppelmoral 116
Most like it cold 119

Hundemania	121
Auf Reisen	124
Aufbauen und Abbauen	126

SHOW ME THE MONEY   129

The American Dream 130
Geil auf Kapitalismus 130
Dollarzeichen in den Augen 133
Obsessed with Sales and Marketing 135
Dubiose Taktiken 138
Kreislauf des Geldes – Philanthropie 140
Reichtum-Armut-Ungleichheit 142

Just do it … and fix it 145
Start before you are ready 145
Entrepreneurship 147
Build it and they will come 151
Fake it till you make it 154

You can have it (all) 157
Die lieben Prioritäten 157
Skripts fürs Leben 160
Sein – Schein (bigger is better, more is more) 164

Working, doing, thinking 168
Hire and fire 168
Leben, um zu arbeiten 170
Installers, Arbeitsteilung, Checklisten 173
Lineares Denken 178
Vernetztes Denken 179

INHALTSVERZEICHNIS

DESIGNED BY GENIUSES, RUN BY IDIOTS — 183

State of the Union — 184
Checks and balances — 184
Infrastruktur — 187
Schulden, Schulden an der Wand — 189
Grün ist nur eine Farbe — 191
USA und China – Eine komplexe Beziehung — 194
Chaos in Zeiten von Corona — 197

Decision 2020 — 200
Was wäre wenn …? — 200
50 Staaten – einige wenige entscheiden — 203
Gerrymandering – Wahlbeeinflussung auf Amerikanisch — 205
Single issue voters — 208
Zwei alte, weiße Männer — 210
Realistisch, surreal … oder einfach crazy? — 215

Stairways to … — 218
… Heaven — 218
… Hell — 220

Nachwort — 224

VORWORT

Mit einem einjährigen Aufenthalt in New York anfangs der 90er Jahre begann unsere persönliche USA-Geschichte. Als junge Familie mit zwei Kleinkindern in dieser verrückten Stadt zu leben, löste anfänglich einen Kulturschock aus. Es öffnete aber gleichzeitig den Blick auf eine ganz andere Welt, die sich unmittelbar und in all ihren Widersprüchen zeigte.

Unsere Neugierde war geweckt und mit ihr die Idee, für längere Zeit in den USA leben zu wollen. Das riesige Land präsentierte sich damals (noch) als Abenteuer, das »Andere« lockte. Mit vier Green Cards (danke, Green Card Lottery!) verließen wir 1998 mit unseren damals acht- und sechsjährigen Kindern die geregelte und sichere Schweiz. Wir gingen nicht als »Expats« und damit ohne Unterstützung einer Firma im Rücken, sondern waren in jeder Hinsicht auf uns selber gestellt. Ein lokaler Arbeitsvertrag und ein kleiner Überseecontainer reichten für einen Neuanfang in der Südstaatenmetropole Atlanta.

Die ersten Jahre waren voller Spannung: Eine Mischung aus Faszination, Bewunderung, Lernen und Kennenlernen, aber auch Staunen, Unverständnis und Ungläubigkeit. Wir lebten im und erlebten den US-Alltag und die US-Realität, bereisten das Land, integrierten uns und erlangten die amerikanische Staatsbürgerschaft. Unsere beiden Söhne gingen durch das amerikanische Schul- und Universitätssystem, und wir gewissermaßen mit ihnen.

Mit der Zeit wurden unsere Beobachtungen umfassender, intensiver, analytischer. In unzähligen Diskussionen am Familien-

VORWORT

tisch, im Freundes- und Bekanntenkreis und am Arbeitsplatz versuchten wir, sowohl die großen Züge als auch die feinen Nuancen von Land, Leuten und Gesellschaft zu begreifen, einzuordnen und festzuhalten.

In diesem Buch reflektieren wir, womit wir immer wieder auf die eine oder andere Weise konfrontiert wurden; es ist ein Querschnitt aus Erkenntnissen, Beobachtungen und Analysen der USA »von innen«. Es erhebt keinen Anspruch auf Vollständigkeit, und wenn darin von »den USA« oder »den Amerikanern« geschrieben wird, wissen wir sehr wohl, dass es immer und überall auch andere Sichtweisen und Erfahrungen geben kann.

Die USA sind ein komplexes Land, das, je nachdem, geliebt, gehasst, bewundert, kritisiert, beneidet und in den letzten Jahren auch bemitleidet wird. Es ist gleichzeitig »awesome« und »insane«, seine »willful ignorance« (etwa »vorsätzliche Unwissenheit«) bezüglich der übrigen Welt kann nerven. Und trotzdem: Die deutsche Sprache ist mehr und mehr mit Anglizismen durchsetzt (»geupdatet«, wirklich?), Kultur und Gebräuche Amerikas werden auf breiter Front unreflektiert und widerspruchslos übernommen – zu unserem Erstaunen und oftmals mit Befremden.

Aus beruflichen Gründen zogen wir 2017 nach Miami. Als sonnige Feriendestination vielen bekannt, lebt und zeigt sich der Alltag im Süden Floridas jedoch weit komplizierter und vielschichtiger. Das Leben dort erweiterte unseren US-Horizont in bisher unbekannte Richtungen.

Die Idee, dieses Buch zu schreiben, kursierte bereits seit langem in unseren Köpfen. Die politischen und gesellschaftlichen Entwicklungen der letzten Jahre gaben uns schließlich den entscheidenden Motivationsschub. Und sie führten definitiv zur Erkenntnis:

»Crazy Country USA«.

Miami, Mai 2020

THIS LAND IS YOUR LAND

Viele Gesichter

A great country

>»Exactly when did you think America was great?«
>Eric Holder, Justizminister unter Präsident Obama, 2019
>in einem MSNBC-Interview

Make America great again! Donald Trumps Slogan war 2016 omnipräsent – bei seinen Wahlveranstaltungen, auf seinen roten Baseball Caps oder in den sozialen Medien. Nach seiner Wahl zum Präsidenten verlinkte er seine Website »greatagain.gov« direkt zur offiziellen »whitehouse.gov«-Website. Trump hat den Begriff sogar als Dienstleistungsmarke eintragen lassen (he is a business man!), und das, obwohl bereits Reagan bei seiner Präsidentschaftskampagne 1980 den fast gleichen Slogan, nämlich »Let's make America great again«, benutzte. Trump meinte dazu lakonisch: »He didn't trademark it« (he wasn't as smart as I am!).

Keep America Great! ist Trumps 2020-Wahlmotto (der Eintrag als Dienstleistungsmarke wurde ihm diesmal verweigert ... hmm ... not so great!). Aber: Dass Amerika »the greatest country in the world« ist, hört man nicht nur aus dem Munde von Politikern vor der Wiederwahl. Vielmehr sind sehr viele Amerikaner fest davon überzeugt, dass dies absolut fraglos der Fall ist. Die USA sind das Land des Marketings, und auch das eigene Land wird der Bevölkerung ständig mit dem entsprechenden »Peptalk«

verkauft. Vor allem nicht Weitgereiste oder nicht besonders gut Ausgebildete haben kaum eine Ahnung, wie es in der »anderen« Welt aussieht. Sie sehen arme Immigranten, in den letzten Jahren vor allem aus Zentral- und Südamerika, die nach Arbeit suchen und alles tun, um in das »gelobte Land« zu gelangen. Damit bestätigt sich das Bild, dass es in höchstem Maße erstrebenswert ist, in den USA zu leben. »The land of opportunities« muss damit zwangsläufig »great«, oder eben »the greatest« sein.

Dass es Länder gibt, in denen es den Leuten gut oder sogar besser geht, Länder, die wirtschaftlich, sozial oder hinsichtlich des Funktionierens der Administration effizienter aufgestellt sind, solche Aspekte sind vielen Amerikanern unbekannt. Die Lust am Reisen und Entdecken anderer Kulturen ist marginal ausgeprägt, viele besitzen nicht einmal einen Pass. Und wenn die Leute dann doch reisen, ist es »a big deal«. In ihrem Gepäck tragen sie die Idee, dass es in fremden Ländern so sein soll wie bei ihnen zu Hause. Die amerikanischen Errungenschaften bleiben der Maßstab, an welchem gemessen wird. Kleine Autos, kleine Häuser, kleine Hotelzimmer, kleine Supermärkte … ganz »cute«, aber so möchte man nicht leben. Keine Klimaanlage trotz heißem Wetter? … Ist ja unerträglich! Englisch wird nicht von allen gesprochen? … Wie soll man sich denn da verständigen? Das Abstrahieren, was dieses »Andere« wirklich gesamthaft bedeutet, fehlt oft. Damit ist bewiesen, dass man im »greatest country« lebt.

Natürlich gibt es gute Gründe, warum die USA nach wie vor für so viele als Einwanderungsland attraktiv sind. Es gibt unzählige Job-Möglichkeiten, die keine spezifischen Kenntnisse benötigen – nur Arbeitskraft wird verlangt und zudem viel besser entlohnt als im eigenen Land. Auch die vielzitierten unbegrenzten Möglichkeiten ziehen weiterhin Leute mit Ambitionen und Träumen an. Wer Fähigkeiten hat, die sich in eine Business-Vision umsetzen lassen, oder Ideen für ein Start-up, findet auch heute noch einen fruchtbaren Nährboden, diese zu verwirklichen. Seit jeher sind die USA das Land, in dem man mit irgendwelchen verrückten und wilden Einfällen sein Glück versuchen kann.

Mindestens so attraktiv sind Aspekte, die irgendwie die tiefsten menschlichen Bedürfnisse ansprechen: »Convenience« beispielsweise, vielleicht am besten mit »angenehme Bequemlichkeit« zu übersetzen. Was immer das Leben einfacher macht, scheint widerspruchslos attraktiv zu sein: Drive-throughs (bei Fast Food Ketten, Starbucks, Banken, Apotheken), Fertigmahlzeiten (wer hat denn noch Zeit und Lust zum Kochen?), gedankenloser Massenkonsum (keine Ahnung, woher die Sachen kommen, Hauptsache sie sind billig), Hauslieferung von allem, was man kaufen kann (man muss sich nur vom Sofa bis zur Türe schleppen), einfacher Zugang zum Schuldenmachen (die Kreditkarten, die lieben Freunde), Sprachsteuerung aller möglichen Geräte (Siri, call Mom). Nirgendwo sonst kann man Bequemlichkeit so ausleben wie in den USA. Es sind nicht nur die jungen Leute, die von den digitalen Errungenschaften der letzten Jahre Gebrauch machen. Auch ältere Amerikaner haben selten Berührungsängste und spielen mit fast kindlicher Lockerheit mit den neuen »Gadgets«.

Eine zusätzliche Bestätigung für das »great country« liefern die zahlreichen ausländischen Frauen, die wohlhabend genug sind, um extra in die USA zu reisen und dort ihre Kinder zur Welt zu bringen. Wer in den USA geboren wird, erhält automatisch die amerikanische Staatsbürgerschaft, basierend auf dem sogenannten Birthright Citizenship. Die meisten der »Touristenmütter« kommen aus China, wo die US-Staatsbürgerschaft als »attraktivste« angepriesen wird. Wohlhabende Chinesinnen können sich sogar fertige Geburts-Travel-Packages kaufen. Ebenfalls zahlreich vertreten sind angehende Mütter aus Russland, Südkorea oder der Türkei. Erst kürzlich haben die Behörden damit begonnen, juristische Maßnahmen gegen diesen »Citizenship Tourism« einzuleiten.

In der ersten Episode der Fernsehshow »The Newsroom« werden drei Journalisten von einer jungen Studentin gefragt: »What makes America the greatest country in the world?« Die spontanen

Antworten sind nicht überraschend: Diversity, Opportunity, Freedom. Nur einer der Journalisten, Will McAvoy, der Protagonist der Show, zögert und will sich nicht äußern. Vom Moderator gedrängt sagt er: »We are not the greatest country in the world ...«! Daraufhin Konsternation im Publikum, Stille. Schließlich schleudert McAvoy in die Runde, weshalb die USA es seiner Meinung nach nicht sind: »180 Länder haben dieselben Freiheiten ... wir sind an siebter Stelle bezüglich Lesen/Schreiben, 27. in Mathematik, 22. in Naturwissenschaften, 49. bezüglich Lebenserwartung, und 178. hinsichtlich Kindersterblichkeit ... Wir sind nur in drei Kategorien Weltspitze: 1) Anzahl Gefängnisinsassen pro Einwohner, 2) Anzahl Erwachsener, die glauben, dass Engel real sind, und 3) Rüstungsausgaben – wir geben dafür mehr aus als die nächsten 26 Länder zusammen ... Wenn Sie mich fragen, was uns zum ›greatest country in the world‹ macht, dann weiß ich verdammt nochmal nicht, wovon Sie sprechen.«

Nach einer längeren Pause fährt McAvoy dann fort: »Ja, wir waren es einmal (the greatest country). Wir setzten uns für Gerechtigkeit ein, wir erließen Gesetze auf der Basis von Moral und Vernunft, wir führten Krieg gegen die Armut und nicht gegen arme Leute, wir kümmerten uns um unsere Nachbarn, wir bauten dank technologischem Fortschritt große Dinge, wir förderten die bekanntesten Künstler der Welt und kreierten das beste und größte Wirtschaftssystem.«

Sein Schlusssatz in dieser Szene ist: »Der erste Schritt zur Lösung eines Problems ist, dass man es als solches erkennt ... Amerika ist nicht mehr ›the greatest country on earth‹.«

A big country

> *This land is your land, this land is my land*
> *From California to the New York island*
> *From the Redwood Forest, to the gulf stream waters*
> *This land was made for you and me*
> Woody Guthrie, American Folk Singer

Wer mit zwei oder vier Rädern in den USA unterwegs ist, wird es bald realisieren: Die Distanzen sind lang, das Land ist riesig: It's a Big Country. Eine Autofahrt von Miami im untersten Südosten nach Seattle im obersten Nordwesten, also einigermaßen diagonal durch die USA, zieht sich gemäß Google Maps über gute 5300 km hin. Etwa dieselbe Distanz zeigt die Karte für die andere Diagonale, die Strecke vom südkalifornischen San Diego nach Bangor im nordöstlichen Bundesstaat Maine an. Zum Vergleich mit Europa: Von Lissabon nach Moskau sind es »nur« etwa 4600 km, und vom Nordkap nach Sizilien ist es mit etwa 4900 km immer noch etwas kürzer als quer durch die USA.

Bevölkerungsmäßig sind die USA mit ihren ca. 330 Millionen Einwohnern nach China und Indien das drittgrößte Land der Erde. Und – anders als viele andere Länder in der westlichen Welt – wächst die US-Bevölkerung nach wie vor, wenn auch nur noch vergleichsweise langsam, mit ca. 0,6 % pro Jahr. Dies vor allem dank der Einwanderung, und trotz aller Maßnahmen der amerikanischen Regierung, die Grenzen undurchlässiger zu machen.

Klimatisch und geographisch bieten die 50 Staaten der USA alles, was man sich vorstellen kann. Im Süden Floridas ist es praktisch immer »Sommer« und karibisch, während im nördlichen Maine die Winter ähnlich hart sind wie im Norden Europas. Es gibt mehr als 100 Viertausender, Wüsten, große Seen, gigantische Flüsse, feinste weiße Sandstrände, gegen 20 000 km Küste an drei Seiten des Landes, wilde Natur und gleichzeitig Metropolen wie

Viele Gesichter

New York und Los Angeles – in diesem Riesenland findet sich für jede Person etwas.

Trotz seiner Größe hat dieses Land einen immensen Vorteil: Es ist in einer einmalig-speziellen Art homogen. Es gibt eine Landessprache (abgesehen von einigen Staaten, in denen auch Spanisch verbreitet ist), eine Landeswährung und ein landesweites Schul- und Universitätssystem. Häuser werden überall in etwa nach denselben Grundsätzen und mit denselben Baumaterialien gebaut. Das politische und rechtliche System ist landesweit gleich aufgebaut.

Diese Homogenität erlaubt eine hohe gesellschaftliche Mobilität. Ein attraktives Jobangebot bringt es mit sich, dass Sie über die 5300 km diagonal von Miami nach Seattle umziehen müssen? Kein Problem, Sie kaufen sich einen neuen Regenmantel und gewöhnen sich an den dortigen Nieselregen. Die Kinder werden keine Mühe mit dem Schulsystem haben, die gleichen klassischen amerikanischen Sportarten wie Baseball, Football oder Basketball sind auch am neuen Ort populär, Sie werden überall schnell Bekanntschaften schließen, das Handy funktioniert genau gleich und mit demselben Betreiber, die Verkehrsregeln sind dieselben, die meisten Namen von Warenhäusern und Firmen sind Ihnen vertraut, das Bankkonto gilt auch am neuen Ort, dieselben zwei politischen Parteien buhlen um Ihre Stimme auch nach dem Umzug.

Das unternehmerische Verhalten macht sich diese Homogenität zu Nutze. Kaum ist ein Start-up gegründet, stellt sich die Frage nach der »Skalierbarkeit«: How to build a scalable business? Wie kann ich schnellstmöglich wachsen, neue Absatzmärkte erschließen, geographisch expandieren? Die Wachstumsfrage ist zentral im amerikanischen »entrepreneurial thinking«, und die immense Größe der USA, gepaart mit der wirtschaftlichen und gesellschaftlichen Homogenität, erlaubt dies auf eine Art und Weise, die kein anderes großes Land so offeriert. Keine Sprachbarrieren, keine Grenzen und damit keine grenzüberschreitenden Transaktionen, keine fundamental unterschiedlichen Mentalitäten ... nein, einfach ein offenes riesiges Tummelfeld, sowohl für realistische Ideen als auch für hochfliegende Träume.

Hmm ... wirklich? Die USA und homogen? Ein politisch gespaltenes Land, ein großes Arm-/Reich-Gefälle, ein Schmelztiegel verschiedenster Kulturen. Südstaaten, die völlig anders ticken als beispielsweise New England, spanischsprechende Populationen in Kalifornien, Florida oder Texas, »every man/woman for his/her own« ... Ist das Land nicht eher eine Ansammlung von Individualisten bzw. individuellen Gruppen mit ausgeprägten Partikularinteressen?

Absolut! Aber irgendwie haben es die USA geschafft, diesem ausgeprägten Individualismus einige wenige, aber eminent wichtige gesellschaftliche Normen überzustülpen, die das Land immer wieder zusammenhalten, homogenisieren, stabilisieren, und so eben einen wichtigen Teil des »Spezialfalls USA« ausmachen. Bis heute, zumindest.

A diverse country

> »We may have all come on different ships,
> but we're in the same boat now.«
> **Martin Luther King, Jr.**

Alle zehn Jahre, das letzte Mal 2010, wird in den USA eine große Volkszählung vorgenommen, der sogenannte »Census«. Diese statistische Erhebung ist wichtig und bestimmt unter anderem die Verteilung der 435 Sitze des Repräsentantenhauses auf die 50 Staaten und die Zuteilungen verschiedenster Regierungsgelder und -subventionen. Des Weiteren gibt die Zählung einen Überblick über die verschiedenen Rassen, Ethnien und Religionen im Lande.

Im letzten Census von 2010 definierten sich 72,4 % der Befragten als weiß, 12,6 % als schwarz (African American) und

4,8 % als asiatisch (Asian American). Die Gruppe der sogenannten »Hispanic and Latino Americans« wird nicht als Rasse, sondern als Ethnie erfasst, und 16,3 % der Befragten ordneten sich dieser Gruppe zu.

Census-Daten sind Moment-Aufnahmen. Sie zeigen nicht, dass seit der Unabhängigkeitserklärung vom 4. Juli 1776 (und damit der formellen Gründung der USA) Dutzende Millionen von Immigranten buchstäblich aus aller Welt in die USA eingewandert sind und sich hier assimiliert haben. Waren es anfänglich (im 19. Jahrhundert) überwiegend Europäer, dominierten in den letzten Jahrzehnten vor allem Immigranten aus Asien, Zentral- und Südamerika. Der vielzitierte gesellschaftliche, herkunftsmäßige und religiöse Schmelztiegel USA ist eine Realität, wie sie sich nirgendwo sonst präsentiert.

Ein Land, das von derart unterschiedlichen Immigranten und deren Nachkommen besiedelt wurde und wird, muss sich eine übergreifende Identität zulegen, damit es die Einwanderer integrieren kann und den Zusammenhalt nicht verliert. Dies ist den USA historisch gesehen sehr gut gelungen. Förderung von Sprache und Sport sowie konstantes Wiederholen von einfachen und prägnanten gesellschaftlichen Mustern sind die Grundlagen der amerikanischen Integration. Ohne Ausnahme werden Einwanderer automatisch mit diesen Aspekten konfrontiert, ja eigentlich in dieses System hineingedrängt, damit sie möglichst bald Teil der amerikanischen Gesellschaft werden können.

So wird beispielsweise vor jedem wichtigen oder unwichtigen Sportevent die Nationalhymne gespielt, um die Zusammengehörigkeit zu stärken (war das nicht das, was man im ehemaligen kommunistischen Ostblock ebenfalls gemacht hat?). Mitsingen oder nicht ist dabei völlig sekundär, und man geht mit der Intonation der Hymne auch relativ locker um. Sie kann auch schon mal im Jazz-Format oder anderen Musik-/Gesangsstilen daherkommen. So oder so ist sie Teil eines festen Rituals, welches am Schluss automatisch mit kräftigem Applaus endet.

Ein anderes Ritual spielt sich zu Beginn jedes Schultages in den Schulzimmern ab: Die Rezitation des sogenannten »Pledge of Allegiance«. Obwohl die wenigsten der Schüler genau wissen, worum es geht (eine Art Loyalitätsbekenntnis gegenüber dem Land und der Flagge), hört man sich den Text mit der Hand auf dem Herzen an, der – wie angenehm – meist über die zentrale Lautsprecheranlage des Schulhauses übertragen wird.

Sport ist ein wichtiger integrativer Stützpunkt. Während für die Schüler das aktive Mitmachen im Vordergrund steht, kann es bei Erwachsenen oft einfach das Zuschauen sein. Amerikanische Football-, Baseball- oder Basketballspiele sind soziale Ereignisse, und sie integrieren alle Rassen, Klassen und Herkunftsländer.

Zentral ist schließlich das Lernen der englischen Sprache. In den Schulen wird Englisch in Zusatzkursen unterrichtet, damit die Immigrantenkinder möglichst schnell dazugehören. Das geht oft so weit, dass die Kinder sehr bald ihre eigene Muttersprache nicht mehr sprechen wollen (man will ja nicht auffallen). Erstaunlicherweise machen die Eltern dabei häufig mit, indem sie mit ihren Kindern ebenfalls Englisch sprechen (oft mit starkem Akzent), oder zumindest tolerieren, dass die Kinder auf Englisch antworten.

Diversity ist heute in den USA ein Schlagwort, welchem man mit allen Mitteln eine positive Konnotation geben will. Möglichst viel Diversity ist in Schulen, am Arbeitsplatz und in der Gesellschaft erstrebenswert, auch wenn die Rhetorik manchmal weit besser klingt, als sich die Realität zeigt.

So gut die integrierenden Bestrebungen auch sind, eines erreichen sie offensichtlich nicht: eine egalitäre Gesellschaft. Reichtum und Armut sind nicht nur insgesamt ungleich (und zunehmend ungleicher) verteilt, sondern zeigen auch bestimmte Muster zwischen Rassen und Ethnien.

A rich country – a poor country

»*A nation will not survive morally or economically if so few have so much, while so many have so little.*«
Bernie Sanders, Präsidentschaftskandidat 2016 und 2020

Keine Frage, die USA sind ein reiches Land. Sie sind mit einigem Abstand die weltweit stärkste Wirtschaftsmacht; das Bruttosozialprodukt der USA ist in nominalen Zahlen um 50 % größer als dasjenige von China. Auch auf einer »pro Einwohner«-Basis sind die USA unter den Top Ten, lediglich übertroffen von reichen kleineren Ländern wie Luxemburg, Norwegen, Singapur oder der Schweiz.

Allerdings ist der Reichtum nicht gleichmäßig verteilt. Statistiken über »Inequality«, Ungleichheit, zeigen für die USA ein unvorteilhaftes Bild: Die Reichen werden reicher und der Rest stagniert oder wird ärmer. In den letzten 30 Jahren ist der Anteil der 0,1 % reichsten Amerikaner am gesamten Vermögen aller amerikanischen Haushalte von 9 % auf 22 % gestiegen. Die reichsten 0,1 % besitzen also heute fast ein Viertel des gesamten Vermögens.

Ein weiteres Problem ist der sogenannte »racial wealth gap«, die vermögensmäßigen Unterschiede zwischen der weißen, der schwarzen und der Latino-Bevölkerung. Diese sind in jeder Hinsicht frappant. Das Vermögen der weißen Bevölkerung ist im Durchschnitt um einen Faktor 6 größer als dasjenige der Schwarzen und der Latinos. Und auch hier geht der Trend in die falsche Richtung: Die Unterschiede werden größer. Oder wie es das Stanford Center for Poverty and Inequality beschreibt: »… nach wie vor gibt es extreme Ungleichheiten basierend auf Rassen und Ethnien, insbesondere im Wohnungswesen, Arbeitsmarkt und Gesundheitssystem …«

Mehr Geld bedeutet mehr Macht, mehr Einfluss, mehr Vorteile, mehr Möglichkeiten. Vor allem in einem Land wie den USA, wo »Money« eben so ziemlich das Maß aller Dinge ist. Die wichtige Frage ist deshalb, warum diese Ungleichheiten existieren, warum sie sich nicht verringern. Eine Antwort ist, dass sich das System in einem komplexen Wechselspiel zwischen Gesellschaft, Wirtschaft und Politik derart eingespielt hat, dass es selbsterhaltend geworden und deshalb so enorm schwierig zu ändern ist.

Untersuchungen zeigen beispielsweise, dass die Einkommensperspektiven hauptsächlich vom Einkommen und dem Bildungsstand der Eltern abhängen. Die soziale Mobilität (die Möglichkeit des Aufstieges von einer unteren in eine höhere Einkommens- und Vermögensklasse) ist eingeschränkt und deutlich geringer als in den meisten anderen Industrieländern (wo ist heute »das Land der unbegrenzten Möglichkeiten«?). Dazu kommt, dass die Reichen grundsätzlich dem Staat misstrauen und versuchen, Steuern zu reduzieren, wenn immer es geht (danke, Mr. President, für die 2017 durchgeboxte Steuerreform!). Dadurch verringern sich die Einnahmen der öffentlichen Hand, und es wird zu wenig in Bildung, Infrastruktur und Technologie investiert, was wiederum in erster Linie die ärmere Bevölkerung trifft. Ein Teufelskreis.

Zudem scheint die individuelle Wahrnehmung der Ungleichheit verzerrt zu sein. Während die meisten Amerikaner zustimmen, dass es zu viel »Inequality« in ihrem Land gibt, unterschätzen sie tendenziell, wie groß diese wirklich ist. In einer Untersuchung wurden Fragen zum Verhältnis von CEO-Lohn zum Lohn eines ungelernten Arbeiters gestellt. Demgemäß empfinden Amerikaner im Durchschnitt, dass das gerechte Lohnverhältnis bei etwa sieben liegen sollte, ein CEO sollte also fairerweise etwa sieben Mal mehr als eine ungelernte Arbeitskraft verdienen. Gleichzeitig glauben sie, dass das tatsächliche Lohnverhältnis bei 31 liege. Sie empfinden die Inequality als klar zu hoch. Was sie aber offensichtlich nicht sehen, ist das wahre Ausmaß. Das Lohnverhältnis liegt im Durchschnitt nämlich bei 354!

Träume haben seit jeher geholfen, solche Ungleichheiten zu tolerieren und zu akzeptieren. Lange war es die ewige amerikanisch-gesellschaftliche Ballade des Aufstiegs vom Tellerwäscher zum Millionär. Alle können schließlich ihre Ziele erreichen, wenn sie nur hart genug arbeiten. Das Problem dabei ist, dass heute die Tellerwäscherkarrieren praktisch nicht mehr existieren (es gibt inzwischen ja auch Spülmaschinen), und die Story damit unglaubwürdig wird. Dies beginnen nun auch die Benachteiligten langsam zu realisieren, was sie dafür anfällig macht, irrige Schlüsse daraus zu ziehen und den populistischen Schlagworten von Politikern wie Donald Trump zu erliegen.

A religious country

»Have you found a church already?« wurden wir ein paar Monate nach unserer Ankunft von unseren Nachbarn gefragt. Zum Glück hatten wir eine passende Antwort parat, unsere netten Nachbarn hätten uns nämlich sehr gerne in ihre »Church« eingeladen.

Religion und Kirche sind im ganzen Land enorm wichtig. Etwa die Hälfte der Bevölkerung gilt als Protestanten. Unter dem Oberbegriff »protestantisch« existieren jedoch verschiedene Gruppierungen: Lutherans, Methodists, Baptists, Presbyterians, Episcopals, um nur die größeren zu nennen. Sie unterscheiden sich in der Auslegung der Bibel und sind je nachdem vergleichbar mit einer protestantischen Kirche in Europa, oder aber würden dort als Freikirchen oder Sekten bezeichnet. Vor allem in den Südstaaten, die als »Bible Belt« bezeichnet werden, haben die Baptisten mit ihrer extremen Haltung die Oberhand.

Eine sehr wichtige Gruppe sind die »Evangelicans«. Ihr Glaube versteht sich als bibeltreu und grenzt sich ab von der liberalen Theologie und vom Säkularismus. Die Auslegung der Bibel ist fundamentalistisch und dementsprechend strikt konservativ. Heute noch lehnen sie die Evolution ab. Unter den Gläubigen sind oftmals fanatische »Pro Life«-Befürworter (Abtreibungsgegner). Persönliche Schicksale wie auch weltpolitische Ereignisse werden als »God's will« angesehen. Die Predigten der »evangelican pastors«

sind bisweilen intensiv, flammend, durchdringend, gar erzürnt. Die bekanntesten unter ihnen haben ihre eigene TV-Show.

Etwa ein Viertel der Bevölkerung ist katholisch und nur knappe zwei Prozent sind jüdischen Glaubens. Alle anderen Religionen bewegen sich um die oder unter der Ein-Prozent-Marke.

Die meisten Amerikaner gehören irgendeiner Kirche an. Die Kirche ist eine Art Begegnungsort, ein Dorfzentrum, ein Verein, eine Ausbildungsstätte, ein Anbieter von Sportaktivitäten, Vorträgen, kulturellen Anlässen. Große Megakirchen sind eine Art Campus mit einer Fläche von locker fünfzig Fußballfeldern; sie werden während der Sonntagspredigt durchschnittlich von mehreren Tausend Gläubigern besucht. Ist der Gottesdienst zu Ende, strömt eine Autolawine aus den Parkplätzen, und die Polizei (die von der Kirche angestellt wurde) muss die Ausfahrt regeln, damit der Verkehr nicht zusammenbricht.

Diese Kirchen sprechen insbesondere Familien an; man darf sich während der Predigt frei bewegen, dem Pastor kann man auch über einen der riesigen Bildschirme folgen. Die Kinder kann man in eine Spielgruppe bringen und sich dann im großen Foyer einen Kaffee holen, während man nebenbei das Geschehen verfolgt. Oftmals spielen christliche Bands moderne Musik (you are allowed to dance during church!), die Kirche wird zur religiösen Disco. Dabei lernt man Leute kennen, kann sich mit einer Gruppe oder Familie mit ähnlichen Interessen anfreunden, oder auch einfach Networking betreiben.

Aber nicht nur das Soziale oder die Gemeinschaft sind wichtig. Sehr viele Amerikaner sind auch wirklich religiös. Sie glauben an die Bibel und flechten gerne im Gespräch entsprechende Ausschnitte oder Zitate ein. Sie lernen in »Bible studies«-Gruppen und nehmen gerne an Missionsreisen teil. Sie reisen in ferne Länder, aus dem missionarischen Eifer heraus, den Menschen dort helfen zu müssen (die gravierenden Probleme im eigenen Land oder direkt vor der Haustür erscheinen wohl nicht ganz so interessant). Manchmal sammeln sie Geld dafür, und man darf ihren

»Mission Trip« nach Polen, Bosnien, Portugal oder Südafrika mit einer Spende unterstützen.

Sie hinterfragen selten und akzeptieren die ihnen linear vorgekaute Auslegung der Bibel fraglos. Gegensätze, die einem als Europäer eher aufstoßen, sind für sie keinesfalls fragwürdig. Wie kann man die Abtreibung als Mord betrachten, während man den Krieg und/oder die Todesstrafe anstandslos bejaht? Es empfiehlt sich, solche Themen gar nicht erst anzuschneiden.

Diese Geisteshaltung zeigt sich auch im Wahlverhalten vieler religiöser Amerikaner. Ist der politische Kandidat/die Kandidatin beispielsweise »Pro Choice« (für das Recht auf Abtreibung), ist diese Person grundsätzlich unwählbar, egal womit sie sich anderweitig profiliert. Sie ist im wahrsten Sinne des Wortes »des Teufels!«. Da sich die republikanischen Kandidaten immer als »Pro Choice«-Gegner verkaufen, werden sie automatisch von sehr vielen religiösen »Christians« unterstützt.

Die Frage »What would Jesus do?« sei ihr Leitfaden fürs Leben, sagen viele. Hmm …, wirklich?

Stadt, Land und dazwischen

Cities

New York, Chicago, Los Angeles ... die Wolkenkratzer sind gigantisch und faszinierend. Ihre Architektur wird bestaunt, und Touristen aus dem In- und Ausland wollen wenigstens einmal im Leben ihre Höhe erfühlen und von oben auf die kleine Welt blicken.

Doch die amerikanischen Großstädte sind mehr als nur beeindruckende Hochhäuser. Generell ziehen sie Leute an, die eine gewisse Aufregung und Hektik mögen, an kulturellen und kulinarischen Events interessiert sind und ihren Arbeitsort schneller erreichen möchten. Dafür müssen sie bereit sein, für kleine Wohnflächen viel bis sehr viel Geld auszugeben, um auch dann immer noch nicht in einem Palast zu leben (was Film und Fernsehen einem vorgaukeln, ist eine Welt, die so nie existierte). Um sich in den Zentren der Großstädte eine anständige Wohnung leisten zu können, muss man sehr viel verdienen oder bereit sein, sich das Apartment mit mehreren »roommates« (und vielleicht auch Mitbewohnern wie Kakerlaken) zu teilen.

Je höher die Nachfrage, umso schneller verliert der Vermieter die Scheu, die Mieten – klassisch kapitalistisch – der Höhe der Wolkenkratzer anzupassen. Dadurch werden die Menschen aus ihren Wohnungen und Ladenbesitzer aus ihren Läden hinausgedrängt. Nicht selten verschwinden gut besuchte und erschwingliche Cafés, Restaurants und Kleingewerbe. Ersetzt werden sie durch Büroräumlichkeiten; Real Estate Offices öffnen nun an jeder Ecke. Die Straßen aber haben Lebendigkeit und Charme verloren.

Diejenigen (meist junge Leute), die immer noch nicht bereit sind, die Stadt zu verlassen und in die Suburbs oder aufs Land zu ziehen, wandern nun in ärmere »Neighborhoods« ab. Diese gelten wegen der höheren Kriminalität als gefährlich(er), jedoch sind dort die Wohnungsmieten noch erschwinglich. Künstler wagen oftmals als Erste diesen Schritt und beziehen dort ihre Ateliers. Anfangs findet eine Durchmischung von Eingesessenen und Neuankömmlingen statt. Die einziehenden Pioniere nützen die Möglichkeit, die Wohnungen ein wenig zu renovieren, alte Häuser wieder instand zu setzen und das Straßenbild dadurch etwas aufzufrischen.

Hat ein bestimmtes Viertel dann den Ruf, »sicherer« als andere zu sein, sind Investoren nicht mehr weit. Alte Häuser werden abgerissen und neue Wohnblöcke gebaut oder ganze Wohnzeilen komplett renoviert. Ein cooles Restaurant öffnet seine Türen, die Besucher kommen mit dem Auto (valet parking – auf keinen Fall in dieser Umgebung zu Fuß gehen!) oder mit dem Taxi angefahren und genießen heimlich den leichten Adrenalinkick. Während sie sich am kreativen Dinner gütlich tun, freuen sie sich schon darauf, wie sie ihren Nachbarn in den Suburbs voller Stolz erzählen werden, *wo* sie gespeist haben.

Nach Drehbuch wandelt sich die Gegend nun in ein Trendquartier: Coole Coffeeshops mit zertifizierten biologischen Fairtrade Kaffeebohnen und glutenfreien Muffins, Imbissstuben mit veganen Lunchangeboten, Smoothie Bars mit gesunden Gemüsesäften und CBD Shots, Boutiquen mit Kleidern von einheimischen Jung-Designern, Yogastudios und Galerien breiten sich aus und beleben die Straßen.

Anfänglich kann es auch nur eine einzige Straße sein, die im Schnellzugtempo »hip« geworden ist, während es rundherum weiterhin notdürftig aussieht. Meistens marschiert die Gentrifizierung aber schnell voran und das ehemals latent gefährliche, eher ärmliche Quartier wird komplett umgekrempelt. Die Mieten steigen, die ursprünglichen Bewohner des Quartiers können nicht mehr mithalten und werden hinausgedrängt. Die Baufirmen kaufen das umliegende Brachland hinzu und lassen dort Luxuswohnungen wie Pilze aus dem Boden schießen.

Sieht man sich die Wahlresultate der letzten Jahre an, ist es offensichtlich, dass in den meisten amerikanischen Städten demokratisch gewählt wird. Auch wenn ein Staat »red« ist, also republikanisch, können seine Großstädte trotzdem sehr »blue«, also demokratisch und »liberal« sein. Sogar im klassisch konservativen, republikanischen Staat Texas mit allen entsprechenden Stereotypen (Cowboys, Waffen, Football, Kirchen, große Rindersteaks) sind Städte wie Houston, Dallas und Austin demokratisch.

Die Einwohner der U.S.-Städte sind jung (Durchschnittsalter unter 35 Jahren), und ihre Bedürfnisse sind dementsprechend: Cafés, Bars, Restaurants, Clubs, innovative Sportmöglichkeiten, Parks, Wochenmärkte. Sehr viele der politisch Interessierten sind Anhänger von Bernie Sanders und zweifeln den Climate Change bestimmt nicht an. Sie sind gesellschaftlich offen und haben keine Probleme, in guter Nachbarschaft mit Andersdenkenden und Menschen mit einem anderen sozioökonomischen Hintergrund zu leben.

Als Europäer geht man davon aus, dass eine Stadt einen klaren Stadtkern hat. Viele amerikanische Städte mögen zwar vom Downtown sprechen, doch heutzutage lässt sich dieser Ausdruck im besten Fall als »Anhäufung von Hochhäusern mit unzähligen Büros« übersetzen. Demzufolge sind heute die meisten Downtowns übers Wochenende ausgestorben. Eine amerikanische Stadt wurde eben ganz anders (und viel später) gebaut als ihre europäischen Counterparts. Monumente, Kathedralen, Kulturdenkmäler, also Sehenswürdigkeiten, die typischerweise eine Innenstadt ausmachen (und die man nicht einfach irgendwohin verschieben kann), haben es gar nie bis in die USA geschafft.

Historisch gesehen konnten sich die Städte dank riesiger Landreserven in alle Himmelsrichtungen ausbreiten. Spätestens mit dem Aufkommen des Autos und dem Verschwinden der noch existierenden Tramlinien und Züge zogen die Leute von den Stadtzentren an die Peripherie oder gar in die Suburbs hinaus. Durch dieses als »urban sprawl« bezeichnete Phänomen wurden die Städte zu »Metropolitan Areas«, riesigen Agglomerationen. Anstelle eines Stadtkerns entstanden mehrere kleinere Zentrums-Inseln, die teilweise weit voneinander entfernt liegen und oftmals durch »Niemandsland« oder verwahrloste Quartiere voneinander getrennt sind.

Suburbia

Little boxes on the hillside,
Little boxes made of ticky tacky
Little boxes on the hillside,
Little boxes all the same.
Song, written and composed by Malvina Reynolds, 1962

Ein typisch amerikanisches Konzept ist das Leben in den Suburbs, d. h. außerhalb der Stadt, aber nicht wirklich auf dem Land. So weit weg, dass man gerade noch in die Stadt zur Arbeit fahren kann. Oftmals entscheidet man sich, in »Suburbia« zu wohnen, wenn man kleine Kinder hat oder eine Familie gründen möchte. Die öffentlichen Schulen dort sind meistens besser und die Häuser günstiger, es wird mehr Platz und Raum geboten und der Lifestyle ist generell maximal »convenient«. Ein Grund ist auch, dass das Leben vieler Amerikaner häufig wie nach einem vorgegebenen Schema abläuft. Als junge Person genießt man das Stadtleben, doch mit einer Familie möchte man sich von den bewegten, vielleicht gar wilden Jahren distanzieren und die Kinder in einer wohlbehüteten Welt aufwachsen lassen.

Der »Suburban Lifestyle« ist mehr oder weniger überall analog, und viele Wohnhäuser gleichen sich weitgehend. Oft werden sie in sogenannten »Subdivisions« gebaut. Eine Subdivision ist eine Art kleines, künstlich angelegtes Dorf mit einem eigenen Namen. Bei sehr teuren Häusern schirmt man sich mit einem Gate oder gar einer bewachten Zutrittskontrolle von der Außenwelt ab. Im Zentrum der Subdivision befinden sich meistens ein »Clubhouse« mit Gemeinschaftsräumen, ein Kinderspielplatz, ein Schwimmbad, vielleicht auch Tennisplätze. Die Menschen entwickeln oder zumindest demonstrieren ein Gemeinschaftsgefühl. Aktive (führungsstarke, machtliebende oder altruistische) Einwohner stellen sich zur Wahl in den Vorstand ihrer Subdivision. Einmal gewählt, halten sie die Zügel in der Hand und erstellen – falls erforderlich – neue Regeln (teilweise strikte oder fragwürdige). Zudem organisieren sie Aktivitäten für die Bewohner.

Auf den Straßen der Subdivision winkt man sich freundlich zu. Es werden Tennis- oder Schwimmteams gebildet, die Kinder sind den gleichen öffentlichen Schulen zugeteilt und werden mit demselben Schulbus in die Schule gefahren. Eine gute Subdivision ist immer eine, die »active« ist und dadurch dazu beiträgt, die Gemeinschaft zu fördern. Dies wertet (auch) den Preis der Häuser auf.

Da jedoch die meisten Leute einen weiten Arbeitsweg haben und fast alle amerikanischen Städte im Verkehrschaos versinken, wirken die Subdivisions oftmals leer und unbewohnt. Die Menschen fahren morgens früh mit ihrem Auto aus der Garage raus und abends wieder rein, schließen das Garagentor (natürlich vom Auto aus gesteuert) und lassen sich nicht mehr blicken. Es ist möglich, dass man seine lieben Nachbarn kaum zu Gesicht bekommt und sie deshalb gar nicht wirklich kennt. Im Haus nebenan können im Extremfall Dinge passieren, von denen man keine Ahnung hat und auch nicht haben möchte (nach außen hat doch alles bestens ausgesehen, the people were »nice« – das beliebteste Adjektiv der Suburbs schlechthin). Grundsätzlich jedoch ist es ein ungeschriebenes Gesetz, dass nach dem Einzug ins neue Heim sehr bald die Nachbarn an der Türe klingeln und einen mit Kuchen (Brownies, Muffins, vielleicht Blumen, wenn sie sehr kreativ sind) willkommen heißen. Dieselbe Geste wird natürlich auch von einem selbst erwartet, wenn neue Nachbarn einziehen.

In einer Subdivision ist es extrem wichtig, dass das Äußere des Hauses attraktiv ist und bleibt. Von der Eigentümergemeinschaft erlassene Regeln definieren, wie sich die Häuser zu präsentieren haben. Ein wichtiger Teil ist ein stets gepflegter Rasen, und deshalb ist das ständige Rasenmähen, sei es vom Eigentümer selbst oder von einem Gärtner ausgeführt, eine heilige Angelegenheit. Die Musik der Rasenmäher kann oftmals von morgens bis spät abends spielen, Wochenende natürlich inbegriffen (gibt es denn keine Regeln bezüglich Verschnaufpausen?).

»Keeping up with the Joneses« wurde anfangs des letzten Jahrhunderts als Comic-Serie publiziert. Seither ist es ein fester gesellschaftlicher Ausdruck: Das ständige Mithaltenwollen mit den Nachbarn. Die Subdivisions sind ein großes Feld, wo dieses Schielen auf die anderen gelebt und ausgelebt wird. Renovieren die Nachbarn oder fahren sie plötzlich ein neues Auto, wird gerne nachgezogen. Die Frauen lieben es, ihre Häuser und das von der Straße aus sichtbare Grundstück zu dekorieren – unzählige Stunden Arbeit werden in dieses Schmücken gesteckt. Im Herbst sind es Kürbisse und Herbstmotive, an Halloween hängen die verrücktesten Gruselfiguren am und ums Haus herum. An Weihnachten übertrifft man sich mit Lichterketten, Plastikrentieren und -schneemännern. Und Tapetenwechsel wird gerne wortwörtlich genommen; anstatt zu verreisen, erhalten die Zimmerwände immer wieder einen Anstrich in der neusten Modefarbe.

Auch in Städten, in denen irgendeine Art von Public Transportation existiert, reicht die Endstation meistens nicht bis in die Suburbs. Der Grund, warum der Zug nicht bis dorthin fährt, warum man eine Verlängerung sogar politisch bekämpft, wird nicht unbedingt offen diskutiert. Hinter vorgehaltener Hand sagt man vielleicht zaghaft, dass man eigentlich die Kriminalität »draußen« (also in den Städten) lassen möchte. Solche Bemerkungen beinhalten immer einen rassistischen Unterton, denn eigentlich bedeuten sie, dass man die Armen – was meistens gleichbedeutend ist mit Minderheiten – nicht in seiner Umgebung haben möchte.

Die einzige Möglichkeit, sich in Suburbia fortzubewegen, ist somit das Auto. Bei einem Haushalt mit mehreren Personen braucht man entsprechend mehrere davon. Der Benzinpreis ist aus diesen Gründen für viele ein wichtiges (politisches) Thema. Der Durchschnittsamerikaner in den Suburbs hat denn auch kein Bedürfnis, über die Umwelt oder seinen großen »Carbon Footprint« nachzudenken.

Das auf das Auto fokussierte Transportsystem zu ändern erweist sich als praktisch unlösbar. Man müsste dazu ein Wohnkonzept anpassen, welches bereits nach dem Zweiten Weltkrieg initiiert wurde und in der Zwischenzeit zu einem fixen und integralen Teil des American Lifestyles geworden ist.

Rural America

> »Es ist Zeit, dass wir uns für unsere ländliche Bevölkerung engagieren, indem wir das Breitband-Internet ausbauen, die Farmer unterstützen, erschwingliche Wohnmöglichkeiten schaffen und die ländliche Armut bekämpfen. Damit stellen wir sicher, dass niemand benachteiligt bleibt.«
> **Amy Klobuchar, Präsidentschaftskandidatin 2020**

Rural America, der ländliche Teil der USA, unterscheidet sich auf den ersten Blick gar nicht so sehr von ländlichen Gebieten anderer Nationen. Weit weg von den Städten, Land und Natur bis zum Horizont, viel Landwirtschaft, tendenziell konservative Einwohner, einfach lebende Bevölkerung. Wer je mit dem Motorrad, Auto oder Wohnmobil auf den Highways durch die USA gereist

ist, wird die vielerorts traumhafte Landschaft und unendliche Weite nie vergessen.

Was man aber garantiert auch nicht vergisst ist die Szenerie, die sich bietet, wenn man den Highway einmal verlässt. Sei es, um das Fahrzeug zu tanken, etwas zu essen oder sich einfach nur die Füße zu vertreten. Ziemlich schnell bekommt man einen Eindruck des anderen »Rural America«: Eine trostlose Ansammlung von wenigen Häusern, die schon bessere Zeiten gesehen haben. Ausrangierte Autos, Maschinen und andere Geräte stehen irgendwo herum und rosten vor sich hin. Ehemalige Fabrikgebäude sind verfallen, einstige Läden und Grocery Stores mit Brettern vernagelt. Man beginnt zu erfassen, dass das Stadt-Land-Gefälle in den USA um Dimensionen stärker ausgeprägt ist als in Europa. Während man in der Schweiz auch in einem abgelegenen Bergdorf eine funktionierende Infrastruktur antrifft, ist dies in den ländlichen Gegenden der USA schon lange nicht mehr der Fall.

Statistisch gesehen übertraf 1920 die städtische Bevölkerung erstmals diejenige auf dem Land, und seither hat das Wachstum fast ausschließlich in den Urban Areas stattgefunden, die sich wirtschaftlich und kulturell zu eigentlichen Powerhouses entwickelten. Die Landbevölkerung dagegen, überwiegend weiß und älter, stagniert seit langem und ist in den letzten Jahrzehnten in praktisch jeder Hinsicht abgehängt und zurückgelassen worden.

Industrieunternehmen haben die Zelte abgebrochen und die Produktion nach Asien verlegt. Läden und Restaurants sind verschwunden. Der nächste Walmart ist locker eine Autostunde weit weg, was zu immer mehr sogenannten »Food Deserts« führt. Die Mobiltelefon-Infrastruktur ist lückenhaft, das Internet oft gar nicht vorhanden. Schulen sind marginal ausgerüstet und vermitteln kaum die elementarsten Grundlagen. Arbeitslosigkeit, Teenager-Schwangerschaften, aufgelöste Familienstrukturen, sozialer Niedergang, Drogen, Opioid-Krise und Kriminalität sind allgegenwärtig.

Während die statistische Armutsrate in den urban und rural areas in etwa dieselbe ist, nämlich um die 15 %, gibt es in den Städten weit mehr Institutionen, die sich der »urban poor« annehmen, als auf dem Land, wo sie sich selbst überlassen werden. Von der Industrie verlassen, der Wirtschaft ignoriert und den Politikern vergessen, ist der American Dream in Rural America nicht einmal mehr eine Illusion. Drittwelt-Verhältnisse im reichen, kapitalistischen Amerika!

Oftmals ist für junge Männer und Frauen die Armee die einzige Möglichkeit, dem aussichtslosen »Rural Life« zumindest für einige Zeit zu entfliehen und so etwas wie Struktur ins eigene Leben zu bringen. Kehren sie dann nach absolvierter Militärzeit und Einsätzen in Kriegsgebieten zurück – womöglich physisch versehrt und/oder psychisch angeschlagen –, sind ihre Lebensperspektiven düsterer denn je.

Kein Wunder haben sich in den ländlichen Gegenden über Jahrzehnte hinweg immer mehr Frustrationen und Ressentiments aufgestaut. Noch weniger erstaunlich, dass man deshalb nur allzu gerne der Propagandamaschinerie eines Präsidentschaftskandidaten erlag, der endlich die täglich empfundenen Probleme thematisierte und vollmundig Lösungen versprach. Seine Versprechungen wurden nie hinterfragt. Und dass ein Immobilienhai aus New York keine Ahnung haben kann, wie das Leben dieser Leute wirklich aussieht, auch nicht.

Trump gewann denn auch in sehr vielen ländlichen Wahlbezirken haushoch.

Von hier nach dort

»*A developed country isn't a place where the poor have cars. It's where the rich use public transportation.*«
Enrique Penalosa, Bürgermeister von Bogota, Kolumbien

Die Entwicklung und rasante Verbreitung des Autos transformierten die USA ab der Mitte des letzten Jahrhunderts in eine »Auto Nation«. Wer immer kann, wird ein Auto benützen, auch wenn die Straßen total verstopft und der Verkehrsfluss zäh und langsam ist. Der öffentliche Verkehr wird deshalb vor allem von den sozioökonomisch unteren Bevölkerungsschichten benützt, oftmals Minorities, die sich (noch) kein Auto leisten können. Und weil man in der Subway oder dem Bus auch Obdachlose und Randständige antrifft, folgt sehr schnell die Pauschalisierung, dass »Public Transportation« gefährlich sei. Die wohlhabendere (meist weiße) Bevölkerung ist aus dieser diffusen Angst heraus im Auto unterwegs und wehrt sich gleichzeitig dagegen, Steuergelder für Erhaltung oder Ausbau des öffentlichen Verkehrsnetzes auszugeben. Ein Teufelskreis und gleichzeitig das grundsätzliche Problem der Public Transportation in den USA: Sie wird im Prinzip als Sozialprogramm und nicht als Infrastrukturinvestition gesehen.

Ausnahme: New York City. Wer je die Stadt besucht hat, kennt die dortige Subway. Ein seinerzeitiges Meisterwerk der Ingenieurskunst (1904 eröffnet), ist sie bis heute eines der weltweit größten Subway-Systeme, sowohl nach Anzahl Haltestellen als auch nach Anzahl Passagieren. Und obwohl chronisch überlastet und technisch veraltet, ist sie immer noch das Haupttransportmittel in der Stadt und ein eindrückliches Beispiel, was man früher einmal bauen konnte. Aber: Auch in New York wäre heute infolge von Regulierungen, Stadtpolitik, Budgetrestriktionen, Einsprachemöglichkeiten und baulichen Unzulänglichkeiten jeder Weiterausbau schwierig, kompliziert und teuer. Wie viel einfacher wäre es doch, wenn man mit der Subway direkt an die beiden Flughäfen (John F. Kennedy Airport und La Guardia Airport) gelangen könnte. Es wird unmöglich bleiben. Wie heutzutage ein modernes Subway-System gebaut wird, sieht und lernt man viel besser in China und anderen asiatischen Ländern, aber bestimmt nicht in den USA.

In einigen großen Städten existiert die eine oder andere Art eines Nahverkehrszuges – eine Mischung aus Subway und S-Bahn, meistens nur mit einem limitierten Streckennetz. Auch wenn man den Zug benützen möchte, muss man an den meisten Orten trotzdem zuerst ins Auto steigen, an eine Haltestelle fahren und dort parken.

Ein Bussystem existiert in vielen Städten, ist aber notorisch unzuverlässig. Busse sind meist alt, Busspuren nur rudimentär vorhanden, weshalb der Bus im gleichen Stau stecken bleibt wie die Autos. Für die meisten »convenience-orientierten« Suburbans sind deshalb Bus und Zug zu kompliziert und in ihren Köpfen ohnehin zu gefährlich. So leben sie es auch ihren Kindern vor, und der Kreis schließt sich.

Amtrak – die quasi-staatliche amerikanische Eisenbahngesellschaft – ist das, was von den zahlreichen und weit verzweigten Eisenbahnen des 19./20. Jahrhunderts heute noch übrig ist. Sie wird vor allem durch Subventionen am Leben erhalten. Auch hier gilt das Rollmaterial als veraltet, die Technologie als überholt, und Pünktlichkeit ist Wunschdenken. Eine der ganz wenigen Amtrak-Verbindungen, die gleichzeitig effizient und profitabel ist, führt von Washington über Philadelphia, New York und dann weiter nach Boston – der sogenannte Acela Train. Als dessen Betrieb während der Corona-Krise mangels Passagieren unterbrochen werden musste, wurde Amtrak mit einem Schlag komplett unprofitabel und beantragte kurzfristig einen 1-Milliarde-Dollar-Notkredit.

Eigentlich würde man denken, dass Hochgeschwindigkeitszüge für Verbindungen zwischen einzelnen Städten in den USA prädestiniert wären, analog zu Europa oder Asien. In 2009 nahm Präsident Obama einen Anlauf. Im Federal Economic Stimulus Bill wurden 8 Milliarden Dollar für Hochgeschwindigkeitszüge reserviert, aber die Realisierung der hochfliegenden Pläne erwies sich einmal mehr als politisch unlösbar und finanziell nicht tragbar.

Vielleicht liegt eine künftige Lösung bei privatisierten Bahnlinien. Vor kurzem wurde in Florida das erste privat finanzierte und betriebene Eisenbahnprojekt in Betrieb genommen: die sogenannte Brightline, die in einer ersten Phase von Miami über Fort Lauderdale nach West Palm Beach führt. Fortress Investment Group, eine Private Equity Firma aus New York, zusammen mit der britischen Virgin Group von Richard Branson, bilden die Trägerschaft, und in den nächsten Jahren ist ein Ausbau bis zum Flughafen Orlando (und allenfalls weiteren Orten) vorgesehen. Die Züge sind neu und modern, ebenso wie die neu erstellte Überbauung in Miami, in welcher sich die Zugstation befindet.

Trotzdem: »Neu« muss nicht heißen »durchdacht«. Diese neue Zugstation befindet sich in einer unattraktiven Gegend in Miami, mit kaum Passanten. Die Anbindung an andere Public-Transportation-Systeme der Stadt ist umständlich. Das Zielpublikum scheint nicht wirklich definiert zu sein. Die Passagierzahlen sind denn auch noch bei weitem nicht hoch genug, um die stündlichen Züge rentabel zu betreiben.

Klar durchdacht scheint hingegen die »Checklist« für die Angestellten. Bei Ankunft und Abfahrt jedes Zuges müssen sie auf dem Perron Spalier stehen und den Passagieren zuwinken. Der amerikanische unreflektierte Optimismus ist dabei greifbar, genauso wie in den von der Brightline verkündeten Prognosen: In ein paar Jahren wird alles profitabel funktionieren.

Das kleine und große Einmaleins

Die ersten acht Schuljahre

Metalldetektoren am Eingang, Drogen, Schießereien ... kann man in den USA überhaupt zur Schule gehen? Ja, es gibt sie nämlich auch, die unspektakulären Schulen ohne Schlagzeilen. Das schulische Spektrum erstreckt sich von hervorragend bis zu katastrophal – und das gilt sowohl für öffentliche als auch für private Institutionen.

Das System ist jedoch transparent. Schulen werden nach verschiedenen Kriterien analysiert, klassifiziert und rangiert, und die entsprechenden Daten sind öffentlich zugänglich. Sehr oft beeinflussen diese Informationen zu einem schönen Stück die Wahl der Wohngegend. Natürlich sind die Hauspreise im Einzugsgebiet von guten öffentlichen Schulen im Vergleich immer höher (hello free market!). Dadurch entstehen automatisch Quartiere ohne breite Durchmischung. Auch ist die PTA (Parent Teacher Association – eine Freiwilligenorganisation der Eltern) in Gegenden mit guten Schulen viel stärker engagiert. Ihre Mitglieder werden aktiver helfen, die Schule positiv mitzugestalten und finanzielle Mittel durch verschiedene Fundraisings zu beschaffen.

In ärmeren Gegenden jedoch können sich Eltern weniger am Schulleben beteiligen, da ihre Kapazität für Freiwilligenarbeit und ihre finanziellen Mittel beschränkt sind. Diese Schulen haben dadurch weniger Geld für Zusatzprogramme, oder auch für Utensilien (WC-Papier, Seife, Farbstifte etc.), die oftmals von den

Eltern mitfinanziert werden müssen. Für Lehrkräfte sind solche Schulen nicht attraktiv, weshalb sich die gut qualifizierten lieber anderswo bewerben. Ein Teufelskreis.

Das amerikanische Schulsystem basiert auf einer mehr oder weniger im ganzen Land einheitlichen Struktur. Die offizielle Schulpflicht beginnt für die Fünfjährigen mit einem Jahr Kindergarten, gefolgt von fünf Jahren Elementary School, drei Jahren Middle School, und vier Jahren High School. Der Ausdruck »K-12 Education« fasst diese Schulzeit zusammen.

Zwölf Schuljahre für alle scheinen verhältnismäßig lang. Aber: Die USA kennen kein Berufsbildungssystem. Dass alle Schüler und Schülerinnen die K-12 Education absolvieren, ist der Normalfall. Danach besucht man entweder ein College[*] (heutzutage ca. 70 %) oder beginnt zu arbeiten und lernt »on-the-job«.

In allen Schulstufen wird das System der »Social Promotion« angewendet; Schüler werden grundsätzlich in die nachfolgende Klasse befördert, unabhängig davon, ob sie die Lernziele erreicht haben oder nicht. Dies ist im Einklang mit dem gesellschaftlichen Konsens, gemäß dem man grundsätzlich lobt, positiv bestärkt, fördert, ermutigt, unterstützt, und Kritik entweder vermeidet oder höchstens in Watte verpackt formuliert. Schuldruck wegen Prüfungsnoten gibt es selten, Stress wegen Schulübertritt, Gymiprüfungen, Provisorium, Lehrstellensuche etc. existiert kaum.

Im Vordergrund der Elementary School (1.–5. Klasse) steht die Sprachvermittlung, insbesondere das Lesen. Häufig gibt es eigentliche Leseprogramme, bei welchen die Schüler sich in der Bibliothek ein Buch ausleihen, nach dessen Lektüre in einem Online-Test einige Fragen beantworten, um dann für das Bestehen des Tests Punkte gutgeschrieben zu erhalten. Dadurch werden Kinder sehr früh mit dem amerikanischen Anreiz- und Bonus-System vertraut, etwas, das sich quer durch die Gesell-

---

[*] Der Ausdruck »College« kann, muss aber nicht gleichbedeutend mit Universität sein. Im Volksmund werden die beiden Bezeichnungen »College« und »University« oft vermischt.

schaft und durch den Berufsalltag zieht. Ebenfalls sehr wichtig ist das »show and tell«: Bereits Erstklässler werden regelmäßig ermuntert, vor der Klasse eine Geschichte zu erzählen, ihr Haustier zu beschreiben, Erlebnisse vorzutragen. So wird der Grundstein gelegt, dass man später im Erwachsenenalter wenig Hemmungen hat, sich im Plenum zu äußern, generell sehr gerne kommuniziert und sich auch Fremden ziemlich rasch anvertraut.

In den vergangenen 20 Jahren sind die Lehrpläne zunehmend verschult und standardisiert worden. Nicht nur werden die Lernziele minutiös definiert, manchmal bis hin zu Wochen- und Tageszielen, sondern es wird auch gefordert, dass deren Erreichung ständig mittels unzähliger Multiple Choice Tests überprüft wird. Solche sind immer simpel und linear aufgebaut, die Antworten sind entweder richtig oder falsch.

Gleichzeitig werden regelmäßig von den einzelnen Bundesstaaten organisierte standardisierte Tests durchgeführt, bei denen die Schüler ein »Score« erhalten. Dieses zeigt, welchen Platz man in einer Rangliste von Gleichaltrigen einnimmt. Ein Score im 80. Percentil bedeutet, dass von hundert Testabsolventen im Durchschnitt 80 schlechter und damit 20 besser sind als der betreffende Schüler.

An vielen Orten absolvieren die Schüler am Ende der Elementary School einen dieser standardisierten Tests (es wird nicht ihr letzter sein!) und werden in der Middle School (Klassenstufe 6–8, mancherorts auch »Junior High« genannt) gemäß ihren erbrachten Leistungen eingeteilt. In den Hauptfächern werden sie entweder »on level classes« oder »above level classes« besuchen. Je nach Finanzkraft des Schulbezirkes werden zusätzlich verschiedene Freifächer im musischen, sportlichen, oder auch akademischen Bereich angeboten. Gegen Ende der Middle School absolvieren alle Schüler wieder einen standardisierten Test, der Einblick gibt über ihren Leistungsstand und in welche Levels sie in der High School eingeteilt werden.

High School

Die amerikanischen High Schools (es sind weder Hochschulen noch Gymnasien – *alle* qualifizieren sich für die High School ohne Prüfungen und ohne Stress!) sind in der Regel sehr groß; es ist durchaus normal, dass sie für 2000 und mehr Schüler konzipiert sind und auch diverse Sportanlagen wie z. B. ein großes Football-Stadion mit einschließen. Dank dieser Größe bieten viele Schulen ein ausgesprochen vielfältiges Curriculum an, das von den Kernfächern (Mathematik, Englisch, Naturwissenschaften, Geschichte) mit unterschiedlichsten Niveaus über Musik, Theater, Kunst bis hin zu verschiedensten Sportangeboten reichen kann. Ebenso können Schüler ein akademisch anspruchsvolles Programm mit sogenannten »Advanced Placement (AP) Classes« absolvieren (oder auch nicht). Dieses breitgefächerte Angebot erlaubt es den Schülern, sich ein den individuellen Bedürfnissen angepasstes Curriculum zusammenzustellen. Ein Eldorado für diejenigen, die motiviert, talentiert, ehrgeizig etc. sind und die Gelegenheit beim Schopf packen.

Viele Schüler jedoch absolvieren lediglich ein rudimentäres Schulprogramm und verfügen dementsprechend nur über minimale Schulkenntnisse und mangelnde Bildung. Switzerland mit Sweden zu verwechseln oder zu fragen, ob Afrika ein Land sei, kann daher öfters vorkommen. Wert und Niveau eines High-School-Abschlusses – und damit der Bildungsstand beim Übertritt von der High School ins College – können dementsprechend nicht pauschal beurteilt werden. Ein sehr guter High-School-Abschluss mit mehreren »AP Classes« kann einer guten schweizerischen Matur durchaus ebenbürtig sein. Ein durchschnittlicher High-School-Abschluss mit bestandenen »on level classes« ist in etwa mit einem schweizerischen Sekundarschulabschluss vergleichbar, während ein marginaler High-School-Abschluss mit minimalst erforderlichen »Academics« und dafür vielen simplen »Füllfächern« wohl dem niedrigsten Schulabschluss überhaupt entspricht. Egal jedoch auf welchem Level man die High School abschließt: In der heutigen Zeit ist es selbstverständlich geworden, dass man danach ein College besucht. »Not going to college is not an option« heißt es heutzutage generell in der breiten Bevölkerung. Allerdings gibt es davon mehr als 5000 – mit den verschiedensten Niveaus. Zwischen der Harvard University in Boston und dem South Texas Barber College in Corpus Christi liegt doch ein relativ großer Unterschied.

Für den Übertritt ins College ist ein landesweiter, standardisierter Test (einmal mehr!), der sogenannte SAT (Scholastic Assessment Test), über alles entscheidend. Da die High School in vielen Bereichen nicht auf Drill ausgerichtet ist, wird das Lernen und Üben für den SAT für viele zu einer stressigen und ängstlichen Angelegenheit. Je höher die SAT-Punktezahl in Mathe und Englisch, umso größer die Chance, von guten oder gar von Top-Unis aufgenommen zu werden.

Generell ist das Wort »College« vom Beginn der High School an der Elefant im Raum: »Damit du in ein gutes College aufgenommen wirst, mach dies oder das, melde dich in jenem Klub an, leiste in den Sommerferien Freiwilligendienst etc.« Und natürlich: »Absolviere möglichst viele AP-Fächer« (vorausgesetzt natürlich, die Brainpower ist vorhanden). Viele Eltern sprechen sehr leidenschaftlich über die Zukunft ihrer Sprösslinge – je ambitionierter, umso verrückter – und mischen sich stark ein. Schließlich werden sie diejenigen sein, die das College ihrer Kinder bezahlen und ihnen diesen wichtigen Schritt ermöglichen werden.

Die meisten High Schools beschäftigen professionelle School Counselors, die einem genau erklären, wie viele, aber vor allem auch welche AP-Fächer man belegen soll, um möglichst attraktiv für ein gutes College bzw. eine Topuniversität zu sein. Eine nützliche und wichtige Dienstleistung der High Schools, vor allem für Eltern, denen dieses aufwendige Theater fremd ist.

Viele Eltern reisen mit ihren angehenden »College Students« bereits im »Junior Year« (11. Schuljahr) der High School quer durchs Land, um potentielle Schulen, an denen ihr Kind allenfalls

Interesse haben könnte, zu besuchen. Für Nicht-Amerikaner ein eher fremd anmutendes Unterfangen, doch der große Wunsch der Eltern – die Kids sollen »a great College Experience« haben – lässt die eigenen Bedürfnisse hinter denjenigen ihrer Kids zurücktreten.

Was ihre Teenager im College genau lernen werden, scheint eher nebensächlich (Aaah, es tut gut, in den eigenen College-Erinnerungen zu schwelgen ...). Viel wichtiger ist das ganze Drumherum: Kleiner Campus oder lieber großer Campus, gute Sportmannschaften, schöne Räumlichkeiten, gutes Wetter, viele Party-Möglichkeiten – den Ansprüchen sind keine Grenzen gesetzt. Dass man unter Umständen extrem viel Geld ausgeben wird, ist in der Gesellschaft fraglos akzeptiert. Und dass das Kind dann vielleicht weit weg von zu Hause lebt, offenbar auch – ja, oftmals scheinen Eltern sich dies sehnlichst zu wünschen.

Hat man einige Colleges im Auge, muss man sich für einen Platz dort bewerben. Das CV muss attraktiv aussehen: SAT-Score und Noten stehen an erster Stelle, doch meistens sind auch diverse Essays zu vorgegebenen Themen erforderlich. Warum möchte ich ausgerechnet an die University of Iowa? Welche Person hat mich im Leben beeinflusst? Was ist mein liebstes Buch? Ebenfalls kommt es sehr gut an, wenn man irgendeine Leaderfunktion vorweisen kann (ich war Klassensprecher, ich war Captain der YXZ-Mannschaft). Vorteilhaft ist auch geleistete Freiwilligenarbeit (ich habe Decken für Obdachlose gesammelt, klingt immer gut – auch wenn es eigentlich die Mutter getan hat). Referenzen von wichtigen Leuten (kennt man die in diesem Alter bereits?) sind ebenso erwünscht. Jede Uni hat ihre eigenen Vorgaben – die Bewerbung muss entsprechend angepasst werden.

Ambitionierte (und selbstverständlich eher finanzkräftigere) Eltern zahlen heutzutage viel Geld für SAT-Vorbereitungskurse und stellen gerne einen CV-Coach an, der die Bewerbungen durchsieht, korrigiert oder allenfalls selber verfasst.

Aber natürlich können sich nicht alle Eltern solche Dienste und die entsprechenden Auslagen leisten. Auch ist es ihnen vielleicht nicht möglich, große Summen für die College-Ausbildung auszugeben (oder sie sind Europäer und weigern sich generell, exorbitante Studiengelder zu bezahlen). Diese Schüler müssen andere Möglichkeiten ins Auge fassen: Sind sie hervorragende Schüler, werden sie sich für ein »academic« oder »merit based scholarship« bewerben – allerdings werden sie dann auf Herz und Nieren geprüft, ob sie dieses auch wirklich verdienen. Während eines intensiven Prozesses müssen sie zeigen, dass sie nicht nur auswendig lernende Nerds sind, sondern auch menschliche und soziale Reife mitbringen. Liegt das Einkommen der Eltern unter einer bestimmten Grenze, kann man ein »need based«-Stipendium beantragen. Sehr gute Sportler, Musiker, Schauspieler oder Künstler können ebenfalls mit einem »free ride« (erlassene Studiengebühren) oder zumindest einem großzügigen Zuschuss rechnen, wenn sie entsprechendes Talent vorzeigen können. Generell sind staatliche Unis erschwinglicher und bieten – je nach Staat – weitere attraktive Scholarship-Varianten an.

Am Ende der High School steht eine Abschlussfeier an – die sogenannte Graduation. Es ist eine eindrückliche Zeremonie und gleichzeitig ein wichtiges Ereignis, sowohl für die Schüler als auch für die Eltern und erweiterte Familie. Eine formale Graduation-Anzeige wird breit versandt, und in der Regel mit einem Scheck oder Geschenkgutschein beantwortet. Dieser Abschluss markiert nicht nur das Ende der Schulzeit, sondern gleichzeitig auch den Eintritt ins Erwachsenenleben.

Wer die zwölf Schuljahre nicht fertig absolviert und die High School vorzeitig verlässt (die sogenannten High School Dropouts), hat nur reduzierte berufliche Chancen, eingeschränkte Verdienstmöglichkeiten und wird mit einer deutlich höheren Wahrscheinlichkeit in einer Verbrechensstatistik auftauchen. Die sogenannte Graduation-Rate, also die Prozentzahl derjenigen Jugendlichen, welche die High School abschließen, variiert je nach Bundesstaat und soziodemographischer Herkunft in einem breiten Rahmen zwischen knapp 60 % und über 90 %. Deren Gegenstück, die sogenannte Dropout-Rate, ist eines der großen Probleme des amerikanischen Schulsystems.

College und University

»Where did you go to College?« ist die vielgehörte Standardfrage und häufiger Anknüpfungspunkt für ein Gespräch während eines Abendessens oder bei einer Party. »Ins College gehen« gehört in der heutigen Zeit praktisch zur Selbstverständlichkeit. Das bedeutet natürlich nicht – wie so oft in anderen Ländern falsch verstanden –, dass alle Amerikaner mit einem College Degree deswegen »studierte« Leute sind. College könnte man einfach mit »Ausbildung« übersetzen – es gibt sie in allen Schattierungen.

Das College schließt an die High School an und fokussiert auf die sogenannte »Undergraduate Education«, die mit einem Bachelors Degree abgeschlossen wird. Universitäten offerieren dasselbe, und zusätzlich dazu auch »Graduate Programs« wie Masterausbildungen oder Doktorate (Ph.D.). Im Volksmund werden die beiden Bezeichnungen »College« und »University« meist vermischt.

Ein College kann in den USA jederzeit und ziemlich formlos gegründet werden. Deshalb ist es nicht weiter erstaunlich, dass es unter den mehr als 5000 Colleges/Universities alles gibt – von der Spitzen-Universität über die »Beauty School« (wird auch College genannt!) bis hin zu Schwindelinstitutionen, die »akademische« Titel mehr oder weniger käuflich offerieren. Wirklich gute Schulen im europäischen Sinne sind nur einige hundert dieser Institutionen, und wirklich erstklassige nur einige Dutzend. Deshalb gilt immer: Read the fine print, please!

Direkte Vergleiche mit Systemen und Bezeichnungen anderer Länder basieren häufig auf Missverständnissen und Pauschalisierungen. Das kann, notabene, schon bei der Sprache beginnen, wenn im deutschsprachigen Europa die Hochschulen mit »High Schools« übersetzt werden (verkauft euch nicht dermaßen unter eurem Wert, liebe Europäer!). Oder man liest in der deutschsprachigen Presse Artikel, in denen US-College Students grundsätzlich als »Studenten«, und vor allem »College Graduates« pauschal als »Hochschulabsolventen« bezeichnet werden. Diese wörtliche Übersetzung hält der Realität nur beschränkt stand.

Die Idee, möglichst viele High School Graduates ins College zu bringen und ihnen einen College-Abschluss zu ermöglichen, ist ein in der amerikanischen Gesellschaft typisches Phänomen. Deshalb ist es normal, dass in diesem System auch James und Amy irgendwo einen College-Platz finden werden, trotz ihrer eher bescheidenen akademischen Fähigkeiten. Und das bedeutet, dass ein College-/Universitätsabschluss – wie bereits schon ein High-School-Abschluss – ganz verschiedene Dinge aussagen kann: Es kann ausbildungsmäßig einem klassischen, europäischen Hochschulstudium ebenbürtig sein, es kann jedoch auch nichts weiter sein als ein Stück Papier (mit goldener Schrift und verschnörkelten Buchstaben).

Wurde der High School Graduate von seinem Traum-College einmal aufgenommen, beginnt dort das »Freshmen Year«. In vielen Colleges ist es heute so, dass grundsätzlich keine ungenügenden Noten mehr vergeben werden. Vor allem an privaten Schulen muss der Professor damit rechnen, dass er sonst die Mutter des Studenten am Telefon hat oder womöglich in seinem Büro antrifft. In jeder Ausgabe des Chronicle of Higher Education, einer Wochenzeitung für Professoren und »Administrators« (Mitglieder der College-Verwaltung), ist ein ganzseitiges Inserat geschaltet mit dem Titel: »Your student's Mom asks you to change a grade. What are you going to tell her?« – »Die Mutter eines Deiner Studenten will, dass Du seine Note änderst. Was sagst Du ihr?« Sollte der Professor nicht einsehen, dass er die Materie ihrem (eigentlich erwachsenen) »Baby« nicht genügend gut beigebracht hat (und natürlich die Note schleunigst wieder akzeptabel macht), könnte er bald einen Brief des Familienanwaltes auf seinem Schreibtisch vorfinden. Ebenso möglich ist, dass der Student selbst dem Professor ein Angebot macht, um seine Note aufzubessern: »Is there anything I can do? I would do anything, you know!« Seit Jahrzehnten ist es deshalb unbedingt ratsam, dass die Bürotür des Professors offen bleibt ...

Die CVs von amerikanischen College-Absolventen sehen in aller Regel höchst eindrücklich aus: Super Noten, zahlreiche »extra-curricular activities«, diverse Praktika mit immer ausgezeichneten Leistungsausweisen. Bevor man beim Lesen in eine Minderwertigkeits-Depression verfällt, ist es jedoch ratsam, mit der Lupe den Fineprint zu lesen und zu überprüfen, wo sich diese Institution im »College-Ranking« befindet (Info ist öffentlich zugänglich).

Das wohl brennendste Problem in der heutigen Zeit sind die Kosten einer College-Ausbildung. Die am höchsten rangierten Schulen sind privat, und die Rechnung für Unterricht, Kost und Logis beläuft sich auf 60 000 bis 70 000 Dollar pro Jahr. Eine vierjährige College-Ausbildung kann also ohne weiteres mehr als 250 000 Dollar kosten. Staatliche Schulen sind günstiger, aber auch deren Gebühren sind immer noch viel höher als beispielsweise in der Schweiz oder Deutschland. Viele Familien (und/oder Studierende) verschulden sich zum Teil massiv, um das Studium zu finanzieren. Oft dauert es Jahrzehnte, bis die Studienkredite zurückbezahlt sind.

Trotzdem gilt für die meisten Eltern die Regel, dass ihr Kind in das bestmögliche College gehen soll und dass keine Mühen gescheut werden, die Ausbildung irgendwie zu finanzieren. Viele amerikanische Familien eröffnen deshalb bereits nach der Geburt des Kindes ein »College-Fund«-Sparkonto. Allerdings werden sie unter Umständen dann bei der Wahl der Studienfächer ihrer Kinder mitreden wollen. Wenn man schon all das Geld bezahlt, sollte das Kind auch etwas machen, womit es später (viel) Geld verdienen kann (Nein, ein Abschluss in »Art History« kommt nicht in Frage, Honey!).

In den letzten zehn Jahren sind die genannten Kosten einer College-Ausbildung weit stärker gestiegen als die Lebenshaltungskosten, was immer wieder Anlass zu intensiven und kontroversen Diskussionen gibt (ein Wahlthema, alle vier Jahr wieder). Viele Colleges investieren nämlich kaum in die eigentliche Ausbildung, sondern in die Errichtung von Hotel-ähnlichen Luxusunterkünften und Sportanlagen für die Studierenden, sowie in eine massiv vergrößerte, wasserkopfartige Administration. Parallel dazu sind angehende Studierende und ihre Eltern anspruchsvoller geworden; nicht selten spielen bei der College-Evaluation genau diese »Luxusfaktoren« die entscheidende Rolle (wollen im College wirklich nicht alle nur lernen?).

Football und College

Wer sind die bestbezahlten Angestellten einer Universität/eines Colleges? Die Professoren, würde man denken, oder vielleicht die Institutsleiter oder Dekane? Der Präsident der Universität?

Kalt, kalt, kalt ... Es sind die Coaches der Football Teams, und zwar quer durch's Land. Während Professoren in sogenannten Liberal-Arts-Fächern (Sprachen, Geschichte, Soziologie etc.) irgendwo zwischen 50 000 und 100 000 Dollar pro Jahr verdienen, macht es ein Football Coach nicht unter einigen Millionen: Die University of Houston (Texas), eine der großen staatlichen Universitäten mit fast 50 000 Studierenden, verpflichtete 2018 einen neuen Football Coach zu einem Salär von 20 Millionen Dollar über eine Vertragsdauer von fünf Jahren. Der Auftrag: ein Football Powerhouse zu kreieren. Das ein paar Jahre zuvor für 125 Millionen Dollar gebaute Stadion mit 40 000 Sitzen sollte endlich gefüllt werden.

Obsession mit Football? Allerdings! Sehr viele Amerikaner haben eine persönliche Beziehung zum Game, sei es aus den eigenen College-Zeiten oder vom Zuschauen im Stadion oder am Fernsehen. Football ist ein Teamsport mit einzelnen Stars; es ist dramatisch, mit gladiatorenmäßiger Kampfmontur und vollem Körperkontakt (und oftmals drastischen Verletzungen), es lässt

Rivalitäten zwischen Städten und Regionen ausleben, es ist mit mehreren tausend Regeln gleichzeitig chaotisch und organisiert (so gibt es sieben Schiedsrichter in verschiedenen, aber genau definierten Rollen). Das Spiel lebt von strategischen Spielzügen, man kann auf den Ausgang wetten oder es gleich als virtuelles Spiel, Fantasy Football genannt, spielen.

Außerdem geht es Hand in Hand mit einer wichtigen sozialen Komponente: Bereits Stunden vor dem Anpfiff findet das sogenannte »Tailgating« statt, eine Art informelles Zusammenkommen vor dem Spiel, sei es auf dem Parkplatz des Stadions (Pickup-Trucks sind als Picknicktische besonders gut geeignet) oder zu Hause im Backyard. Mit (viel) Alkohol, Grillgut und Fachsimpeln bringt man sich in Stimmung, oftmals unterstützt von Analysen, Kommentaren und Diskussionen im Radio oder Fernsehen. Kein Wunder ist die Superbowl, der regelmäßig Ende Januar stattfindende »Final« der Football Season, eines der absoluten Highlights für mehr als 100 Millionen Amerikaner.

Bei der Wahl eines Colleges ist oftmals das Vorhandensein eines Football Teams ein viel wichtigerer Aspekt als das intellektuelle Umfeld. Vor allem im Süden der USA hört man oft bewundernd, wie »great« doch diese und jene Universität sei: Wegen ihrem Football Team! Erfolgreiche Football Coaches sind die wahren Stars, sie werden mindestens auf gleichem Niveau wie ein Nobelpreisträger-Professor eingestuft.

Analoges gilt für die Football Players. Jedes Sports-Team sendet seine »Scouts« regelmäßig zu High School Games, um dort möglichst früh (und vor der Konkurrenz) Talente zu entdecken und zu rekrutieren. Und hat man es einmal geschafft, als »Student Athlet« akzeptiert zu werden (dabei sind Noten ziemlich unwichtig, weshalb man als Sportler auch ohne entsprechende schulische Leistungen an einer sehr guten Uni sein kann), beginnt eine exklusive Zeit. Direkter Zugang zu persönlichen Trainern, Ernährungsberatern und Physiotherapeuten, jegliche Unterstützung durch Tutoren im schulischen Bereich (damit man zumindest knapp genügende Noten erzielt), Erscheinen in Facebook-, Instagram-Posts und Newsletters. Die Mehrzahl der Athleten sind »Minorities« (zumeist African Americans) und kommen oft aus ärmlichen Verhältnissen. Der Sport ist für sie eine Möglichkeit, der Armut zu entkommen.

Wenn sie aber infolge einer Verletzung nicht mehr spielen können oder sonst wie beim Coach in Ungnade fallen, kann der Fall brutal sein. Sehr oft enden Karrieren von College-Athleten tragisch – bleibende Verletzungen und Schmerzen, hohe Behandlungskosten, keine abgeschlossene Ausbildung, keine Unterstützung mehr von jenen, die einen zuvor auf Händen getragen haben.

Gemäß den öffentlich zugänglichen Zahlen scheint es nur ein gutes Dutzend Universitäten zu geben, die profitable »Athletics Programs« haben. Für die meisten anderen Universitäten ist es zwar ein Verlustgeschäft, aber man ist überzeugt, dass man damit einerseits Studierende und andererseits Spenden anzieht, was schließlich die Ausgaben rechtfertigen sollte.

Die Rechnung dürfte künftig nicht mehr so einfach aufgehen. Immer weniger werden zweit- und drittklassige Football Games besucht, Studierende haben heute ganz andere Zerstreuungsmöglichkeiten. Was bleibt, sind exorbitante Schulden (mehr als 100 Millionen Dollar im Falle der University of Houston) und die große, schüchterne Frage, was generell der wahre Auftrag einer Universität sein sollte: So etwas wie junge Leute ausbilden?

Der schleichende Niedergang

Amerikanische Schulen können von hervorragend über mittelmäßig bis hin zu miserabel alles sein. Im Ausland hört man meistens entweder von den Elite-Universitäten oder von Schulen mit prekären Zuständen. Über das ganze Land gesehen liegt das durchschnittliche Ausbildungsniveau unter demjenigen vieler anderer entwickelter Länder. Der wirkliche Knackpunkt des amerikanischen Schulsystems ist jedoch das untere Drittel der Schüler und

Studenten. Ihnen fehlen je länger, je mehr elementarste Bildungsinhalte. Die resultierende Abwärtsspirale dreht sich zwar langsam, aber kontinuierlich. Das Problem ist inzwischen erkannt, und in den USA schaut man neidisch auf die in den PISA-Studien erfolgreicheren Länder.

Das aus europäischer Sicht Erstaunliche an dieser Situation ist, dass im Prinzip das gesammelte Wissen unserer Welt frei in den USA zugänglich ist, ja oft sogar dort erforscht, entwickelt und beschrieben wurde. Egal ob es sich um Themen aus der Pädagogik, Psychologie, Medizin, Ernährung, Ökonomie, des Sports oder den Naturwissenschaften handelt, es ist praktisch garantiert, dass die Spitzen- und Breitenforschung dazu irgendwo in den USA stattfindet.

Die wichtigsten »Scientific Journals« werden nach wie vor in den USA herausgegeben und auch die populärwissenschaftlichen Zeitschriften und Bücher haben im Lande ein stattliches Zielpublikum. An Erkenntnissen, wie man es besser machen könnte (und sollte), mangelt es deshalb nie. Das Problem ist einerseits die Unfähigkeit oder der Unwille zur Umsetzung, andererseits aber auch die durch die immer engere Spezialisierung verursachte Blindheit gegenüber fachübergreifenden, ganzheitlichen Themen. Das führt unter anderem dazu, dass im Bildungswesen zwar detaillierte Testsysteme für einzelne Fächer und Lerninhalte entwickelt werden, aber die übergeordneten Bildungsziele irrelevant werden. Lineares Denken und Multiple Choice Tests, wo immer man hinsieht!

Wie in vielen anderen westlichen Gesellschaften haben sich in den letzten Jahrzehnten in der höheren Ausbildung auch in den USA verschiedene Dinge geändert und Gewichte verschoben. Augenfällig ist, dass die als eher anspruchsvoll geltenden sogenannten STEM-Fächer (Science, Technology, Engineering, Mathematics) in den amerikanischen Schulen immer weniger populär werden, während vom Arbeitsmarkt her genau diese Ausbildungsbereiche immer mehr gefragt sind. Die USA haben dieses Problem lange Zeit über den »Import« von qualifizierten Studenten gelöst, in den letzten Jahrzehnten fast ausschließlich aus Asien. Kein Wunder, da in der heutigen Zeit sehr viele amerikanische Studenten die College-Zeit vor allem mit »partying« und »having a great time« assoziieren. Weit mehr als mit ernsthaftem Lernen!

Berufliche Ausbildung

Der größte schweizerische Automobilzulieferer, Autoneum, der in 25 Ländern 55 Fabriken betreibt, sah sich Anfang 2019 mit einer besonderen Situation konfrontiert. In South Carolina und Indiana hatte das Unternehmen vollautomatische Produktionsanlagen gebaut, genau dieselben, die schon in Europa und China erfolgreich in Betrieb waren. Diese Fabriken sollten qualitativ hochwertige Komponenten für Fahrzeugmodelle der Marken BMW, Daimler und Volvo produzieren. Das Problem war, dass man die beiden US-Anlagen auch nach mehreren Versuchen nicht zum Laufen kriegte. Um die Lieferverpflichtungen einhalten zu können, musste Autoneum über längere Zeit die fehlenden Teile in Europa herstellen und auf eigene Kosten in die USA fliegen. Dies wiederum drückte die Rentabilität so stark, dass das Nordamerika-Geschäft tief in die roten Zahlen rutschte.

Der Schweizer Martin Hirzel war der erste Konzernchef und CEO von Autoneum, nachdem die Firma 2011 vom Winterthurer Industriekonzern Rieter abgespalten, verselbständigt und an die Börse gebracht worden war. Unter seiner Führung wurden unrentable Geschäftseinheiten erfolgreich restrukturiert, und Autoneum entwickelte sich zu einem Börsen-Highflyer. Hirzel wurde in der Wirtschaftspresse viel Lob zuteil, er gehörte zu den erfolgreichsten Unternehmensführern in der schweizerischen Industrie.

Als die Probleme in den USA Anfang 2019 offensichtlich wurden, versuchte Martin Hirzel noch, das Steuer herumzureißen. Am Hauptsitz in Winterthur ging man über die Bücher, verfügte einen Einstellungsstopp und kürzte die Budgets. Aber alle Maßnahmen kamen zu spät für ihn und im Herbst 2019, nachdem die in Aussicht gestellte Besserung nicht eingetreten war, der Aktienkurs zwei Drittel von seinem Höchstwert verloren hatte und die Dividende gekürzt werden musste, trat Hirzel als Konzernchef zurück.

Wie kann das sein? Ein erfolgreicher, erprobter Top-Manager mit hervorragendem Leistungsausweis scheitert an neuen, ultramodernen Fabriken in den USA? Kann es vielleicht sein, dass Unkenntnis, gepaart mit Leichtgläubigkeit (schließlich kennt man ja die USA und weiß, wie es dort läuft …) dafür verantwortlich waren? Im Frühjahr 2019 äußerte sich Konzernchef Hirzel konsterniert: Er könne sich das alles nicht erklären, »es war wie eine Ohrfeige aus heiterem Himmel … die Anläufe haben völlig gefloppt«, meinte er in der Bilanzpressekonferenz. Und weiter erklärte er, es sei wahnsinnig schwierig gewesen, »nicht nur gutes, sondern überhaupt geeignetes Personal für die Bedienung der High-Tech-Anlagen zu finden … In der Regel habe es sich um Studienabbrecher gehandelt, die hätten angelernt werden müssen …«

Das Beispiel ist exemplarisch für die berufliche Ausbildung und die Fähigkeiten von (Fach-)Arbeitern in den USA. Historisch immer auf Massenproduktion und klassische Fließbandfertigung ausgerichtet, war es lange Zeit einfach, den Personalbedarf aus High-School-Abgängern (auch vorzeitigen) zu rekrutieren (ein amerikanischer High-School-Abschluss kann, wie bereits gesagt, vieles oder auch gar nichts bedeuten). Die Globalisierungswelle der 90er und 2000er Jahre hat diese Jobs aber weitgehend eliminiert und nach Asien »outsourced«. Und die in den letzten Jahren einsetzende Rückwärtsbewegung (»Re-Lokalisierung«) braucht einen Typus Mitarbeiter, den es, falls überhaupt, nur sehr spärlich gibt: jemanden mit einer soliden beruflichen Ausbildung, wie sie z. B. die schweizerische Berufslehre bietet.

Erstaunlich ist es immer wieder, wenn mit dem Begriff »Studienabbrecher« hantiert wird. Was der Autoneum-Konzernchef meinte (aber offensichtlich nicht wusste), war, dass die von ihm zitierten »Studienabbrecher« mit großer Wahrscheinlichkeit bereits an der alleruntersten Stufe des amerikanischen Bildungssystems gescheitert waren, dem »Technical College« oder »Community College«. In keiner Art und Weise sind solche »drop-outs« mit »Studienabbrechern« europäischer Prägung zu vergleichen, sondern sehr häufig handelt es sich dabei um minimalst (aus)gebildete und zudem oft auch minimal bildungswillige junge Leute, mit denen sich schlichtweg keine hochtechnologisierten modernen Produktionsanlagen betreiben lassen.

Von daher sind die immer wieder gehörten Äußerungen, dass man das System der schweizerischen Lehre in die USA transferieren sollte, absolut zutreffend. Könnte man dieses über Nacht einführen, wäre das für die USA wie ein wirtschaftliches Nirwana. Das Problem ist jedoch, dass eine solche Einführung illusorisch ist, auch wenn sich seinerzeit Bundesrat Schneider-Ammann und (ausgerechnet!) Präsidententochter Ivanka Trump (umgeben von weiteren US-Kabinettsmitgliedern) darüber einig zu sein schienen.

Aber: Im Bewusstsein der amerikanischen Bevölkerung ist die Idee, dass es nur eine einzige »normale« Ausbildung gibt, nämlich diejenige über »das College«, tief verankert und verzahnt mit gesellschaftlichen und soziologischen Vorstellungen. Außerdem sorgt eine gigantische Bildungsindustrie (bestehend aus Tausenden von Colleges mit sehr direkten finanziellen Interessen) mittels enormen Marketing-Feldzügen dafür, dass dies auch so bleibt.

Die Idee, dass eine Berufslehre nach schweizerischem Zuschnitt in den USA breit Fuß fassen wird, gehört deshalb ins Reich der Träume. Daran können leider auch einzelne Initiativen von schweizerischen und deutschen Unternehmen, so löblich und gutgemeint sie sein mögen, nichts ändern.

Allerdings sollten sich die Firmenchefs aus Europa besser darüber informieren, wie weit die modernen technologieorientierten Arbeitsplätze mit dem heutigen amerikanischen Ausbildungssystem vereinbar sind.

It's the Law

We the People

»We the People of the United States …«, so beginnt die »Constitution«, die amerikanische Verfassung. 1789 mit sieben Artikeln in Kraft gesetzt und im Laufe der Zeit um 27 Zusätze (sogenannte Amendments) erweitert. Sie gilt als älteste überhaupt und diente weltweit unzähligen anderen Verfassungen als Vorbild. In ihr ist die Gewaltenteilung festgeschrieben, genauso wie die föderalistische Struktur des Landes oder die Persönlichkeitsrechte der Bürger. Jeder amerikanische Präsident schwört bei seiner Amtseinführung, dass er »… sein Bestes tun wird, die Verfassung der USA zu erhalten, zu schützen und zu verteidigen« (allerdings interpretiert der gegenwärtige Präsident seinen Amtseid etwas eigensinnig). Auch wenn das Land je länger, je mehr gespalten ist, bleibt der Respekt für dieses rechtliche Fundament unangetastet.

So weit, so gut. Die meisten Elemente der Constitution sind aus heutiger Sicht nicht mehr besonders spektakulär; eigentlich sind es zwei Amendments, die immer wieder für Schlagzeilen, Diskussionen, und Gerichtsurteile sorgen: Das First Amendment garantiert unter anderem Religions-, Rede-, Presse- und Versammlungsfreiheit, und das Second Amendment garantiert das Recht auf den Besitz und das Tragen von Waffen. Die Unfehlbarkeit der Constitution ist in den USA nicht verhandelbar, und deshalb konnten bis jetzt selbst unzählige Amokläufe mit Schießereien nicht bewirken, dass man die Waffengesetze anpasst (dringt jemand in mein Haus ein, betritt er meinen Grund und Boden, darf ich auf ihn schießen – it's the law!).

Das amerikanische Rechtssystem basiert auf dem sogenannten Common Law, welches sich maßgeblich an Gerichtsurteilen der Vergangenheit und deren Auslegung durch den Richter orientiert (sogenanntes »case law« – unzählige Fälle auswendig lernen im Jurastudium!). Es ist weitgehend Gewohnheitsrecht und basiert deshalb nicht auf Logik, sondern auf Erfahrung. Die Fälle werden mit den Namen der beiden Prozessparteien, verbunden durch ein »v« (versus = gegen), benannt. So ist z. B. das wegweisende Urteil des Supreme Courts, das 1973 die Abtreibung in den ersten Schwangerschaftsmonaten erlaubte, als »Roe v Wade« bekannt.

In den USA hat jeder Angeklagte das Recht, sich vor einer Jury, einem Geschworenengericht, zu verantworten (dies ist explizit im 6. Amendment der Constitution festgehalten). In einem Strafprozess besteht die Jury meistens aus sechs oder zwölf Personen, die keine Vorkenntnisse des Falles haben dürfen. Die Auswahl der Geschworenen (sogenannte Jurors) ist ein genau definiertes Verfahren, und nur wenn beide Parteien (Anklage und Verteidigung) mit einem potentiellen Juror einverstanden sind, wird diese Person in die Jury berufen. Die Jury entscheidet am Ende des Prozesses unwiderruflich über Schuld oder Unschuld des/der Angeklagten, während der Richter danach das Strafmaß festlegt.

Amerikanische Strafprozesse mit ihren rhetorisch scharf argumentierenden Anwälten und der stumm zuhörenden Jury sind zwar aus Film und Fernsehen bekannt, deren Darstellung ist aber näher an Hollywood als der Realität. Und sind Berühmtheiten in die Prozesse involviert, werden diese Fälle detailliert in der Öffentlichkeit verfolgt. So wird z. B. der Fall von O. J. Simpson, einem ehemaligen Footballstar, der des Mordes an seiner Ex-Frau und ihrem Bekannten angeklagt war, bis heute diskutiert. Sein Freispruch erfolgte nach einer kontroversen Verhandlung, die Simpsons Staranwälte als rassistisch motivierten Schauprozess darzustellen versuchten – offensichtlich erfolgreich.

Amerikas Rechtssystem ist in vielerlei Hinsicht extrem (nicht umsonst gilt »litigation before legislation«, etwa mit »Klage/Rechtsstreit vor Gesetzgebung« zu übersetzen). Anwälte dürfen auf Erfolgsbasis beauftragt werden, was deren Prozessbereitschaft enorm stimuliert. Das Gewohnheitsrecht ermuntert geradezu, nach Gesetzeslücken (Loopholes) zu suchen, die dann scham- und kompromisslos ausgenützt werden können. Die Eigenheit der amerikanischen Gerichte, bei einem Zivilprozess dem Kläger nicht nur den erlittenen Schaden zuzusprechen, sondern – um potentielle Nachahmer abzuschrecken – oft auch noch einen weit höheren Schadenersatz (sogenannte »Punitive Damages«), macht auch unsinnig erscheinende Klagen interessant: »Achtung, verbrennt euch nicht am heißen Getränk!« Diese oder ähnliche Warnungen stehen auf den meisten Kaffeebechern, seit eine McDonalds-Kundin sich mit ihrem heißen Kaffee Hautverbrennungen zugezogen und das Gericht McDonalds zu einem massiven Schadenersatz verurteilt hatte.

Nicht verwunderlich, dass Unternehmen und Dienstleister versuchen, sich gegen mögliche Klagen, Prozesse und Schadenszahlungen so gut wie möglich abzusichern. Einerseits schließen sie dazu Versicherungen ab (welche immer teurer werden), andererseits muss man als Kunde oder Patient im Alltag ständig eine Unmenge von Formularen mit Disclaimern (Haftungsausschluss) aller Art ausfüllen. Niemand hat mehr den Überblick, vieles ist einfach zu einem unglaublichen Papierkrieg geworden (was habe ich alles unterschrieben? Keine Ahnung …).

»Anyone can sue at any time for any reason« … jeder kann jederzeit und aus jedem Grunde klagen. Damit ist eigentlich alles zusammengefasst, nicht umsonst gilt die amerikanische Gesellschaft als »most litigious in the world«, als »prozesswütigste weltweit«. Kein anderes Land hat mehr Juristen pro Einwohner, und nirgendwo sonst wird mehr für Prozesse und Rechtsstreitigkeiten ausgegeben als in den USA. Dollars locken halt überall – bei den Klägern genauso wie bei den Anwälten.

»Wie kann so etwas in Amerika passieren?«, fragte sich Harvey Weinstein nach dem Urteilsspruch. Obwohl er extrem viel Geld für seine Verteidigung ausgegeben hatte, war der öffentliche Druck so groß, dass auch die besten (und teuersten) Anwälte die Jury von seiner Unschuld nicht überzeugen konnten. We, the people, eben ...

Jury Duty – beinahe

Als volljährige US-Bürgerin habe ich zwei Pflichten: Steuern bezahlen und dem Aufgebot zur Jury Duty Folge zu leisten (nein, kaum jemand hat Lust oder Zeit dazu). Vor ein paar Jahren bekam ich mein erstes Aufgebot.

Pünktlich um 8 Uhr erscheine ich im Gerichtsgebäude in Downtown Atlanta. Zuerst werde ich durch die Sicherheitskontrolle geschleust, wie man es normalerweise von Flughäfen gewohnt ist. Daraufhin melde ich mich beim Empfang einer riesigen, mit hunderten von Menschen gefüllten Halle an, einer Art Warteraum für alle, die für diesen Tag aufgeboten wurden.

Zuerst einmal geschieht gar nichts. Irgendwann, nach einer guten halben Stunde, wird ein Film gezeigt über die Wichtigkeit der Jurors bzw. der Jury Duty. Danach geschieht wieder nichts. Nachdem mehr als eine Stunde vergangen ist, erscheint einer der vielen Richter. Er betont zunächst die Bedeutung dieses Dienstes (ist eine »Civic Duty«) und beantwortet anschließend Fragen der Wartenden:

»Weshalb ausgerechnet ich?«

»Weil es ein System ist, das nach dem Zufallsprinzip funktioniert.«

»Wie lange dauert mein Dienst?«

»Das hängt vom zuständigen Richter beziehungsweise dem Fall ab.«

»Ich habe heute Abend ein Vorstellungsgespräch, ist es möglich, dass ich entlassen werde?«

»Nein, erst wenn der zuständige Richter die Erlaubnis erteilt hat.«

»Wann beginnt die Zuteilung?«

»Es kann jederzeit losgehen. Sie alle werden in Gruppen auf- und einem Fall zugeteilt.«

»Ich habe Grippe, kann ich nicht nach Hause gehen?« (war vor Corona …)

»Vorerst nein, das entscheidet dann erst der Richter.«

Nach dieser kleinen Infosession geschieht wieder gar nichts, und wir warten weiterhin. Die Amerikaner geben sich immer sehr locker, wenn es ums Warten geht. Es ist nicht immer einfach, mit dieser Gelassenheit mitzuhalten.

Zwei Stunden später werden einige Namen heruntergelesen. Diese Leute werden, aus welchen Gründen auch immer, nach Hause entlassen. Ihr Einsatz, der einzig aus Warten bestand, wird mit 25 Dollar entschädigt. Gemäß Gesetz des Staates Georgia dürfen sie während der nächsten 18 Monaten nicht wieder zur Jury Duty aufgeboten werden.

Ich habe kein Glück und muss weiterhin ausharren. Irgendwann, kurz vor Mittag, werden 20 Namen, unter anderem auch meiner, aufgerufen. Wir werden in den Gerichtssaal geführt, und jede Person erhält eine Nummer. Eine ältere Richterin begrüßt uns und informiert, dass es sich hier um einen Kriminalfall handle. Nachdem sie uns den vorliegenden Fall und die entsprechende Anklage vorgelesen habe, werde sie mit dem Wahlverfahren der Jurors beginnen. Infolge der Schwere der Anklage – Überfall mit Totschlag, Betrug, Diebstahl – dauert das Vortragen des Falles fast eine halbe Stunde.

Anschließend stellen sich die Verteidiger (mit ihren insgesamt vier Angeklagten – offenbar eine Gang) sowie die zwei Staatsanwälte vor. Für sie geht es nun darum, aus insgesamt etwa sechzig Leuten die für sie geeignetsten zwölf Geschworenen und vier Ersatzgeschworenen auszuwählen. Wir sind die dritte 20-Leute-Gruppe, bereits in den zwei vorangehenden Tagen wurden je zwei analoge Gruppen durch dasselbe Prozedere geschleust. So nebenbei wird uns mitgeteilt, dass die am Ende auserkorenen Jurors während des ganzen Prozesses lückenlos anwesend sein müssen.

Wie lange das sein wird? Na ja, bei einer solchen Anklage kann es sich um Wochen handeln. Und ja, diese Bürgerpflicht ist wichtiger als all die Alltagskleinigkeiten wie Arbeit, Kinder, Verpflichtungen, Pläne etc.

Nacheinander müssen wir uns nun kurz vorstellen und uns darauf einer Befragung sowohl der Staatsanwaltschaft als auch der vier Verteidiger stellen. Anschließend bekommen wir endlich die Möglichkeit, die eigenen Konflikte darzulegen:

»Ich muss meine Kinder von der Schule abholen, ich werde nicht rechtzeitig im Hort sein können.«

»Ich bin Arzt, ich habe Patienten, die ich nicht einfach abschieben kann.«

»Ich habe wichtige berufliche Termine, ich arbeite selbständig, ich unterrichte, ich …« Bla, bla, bla.

Den Einwänden, weshalb der Dienst ungelegen kommt, sind keine Grenzen gesetzt. Sie werden allerdings nicht einfach so geschluckt. Die vorgetragenen »Konflikte« werden von allen Seiten überprüft: Wo ist der Kinderhort, wie lange hat er offen, wo befindet sich Ihre Arztpraxis, gibt es andere Ärzte in der Praxis, welche Termine, mit wem, wann, wo, wie?

Auch ich werde das eine oder andere gefragt, und die Staatsanwältin bohrt tiefer und tiefer. Die Verteidiger jedoch scheinen mit den Infos, die sie über mich gehört haben, zufrieden zu sein. »No further questions«, bestätigt jeder Einzelne.

Gegen 14 Uhr werden wir endlich in eine kurze Pause entlassen, wobei es uns strikt untersagt ist, auch nur ein einziges Wort über den Fall zu verlieren.

Nach der Pause werden alle sechzig Personen (also auch die Gruppen der Vortage) in den Gerichtssaal geführt. Wir verfolgen, wie durch das sogenannte »Striking«-Verfahren die Jurors von den Prozessparteien auserkoren werden. Papiere werden hin- und hergeschoben, Notizen werden studiert, man verhandelt mit der Richterin. Jede Seite möchte nun diejenigen Leute eliminieren (to strike), die der Gegenseite nützlich sein könnten.

Kurz nach 16 Uhr ist es so weit, alle sitzen wir gebannt und warten, ob der eigene Name aufgerufen wird. Schließlich befinden sich zwölf Jurors sowie vier Ersatzjurors in ihren »Jurors' Seats«. Für sie beginnt nun eine lange Zeit im Gerichtssaal – es könnte durchaus einige Wochen dauern.

Ich darf mit vielen ebenfalls erleichterten Leuten das Gerichtsgebäude verlassen. Ein paar Tage später erhalte ich dann die Entschädigung von 25 Dollar für meinen Tag.

Auf dem Nachhauseweg beschäftigen mich zwei Fragen. Erstens: Nach welchen Kriterien wählten die beiden Parteien ihre Jurors aus und gibt es etwas, das man bei der Befragung sagen oder besser nicht sagen sollte? Und zweitens: Lässt sich etwas herausfinden über die vier jungen Angeklagten?

Am Abend rufe ich einen Bekannten an, der lange am Gericht gearbeitet hat. »Die Verteidiger haben nach einer empathischen, aufgeschlossenen Person gesucht. Dass du Mutter zweier erwachsener Söhne bist, ursprünglich aus der neutralen Schweiz kommst, sowie deine Ausbildungen, Arbeit und Tätigkeiten haben das Bild der ›liberalen, einfühlsamen Frau mit Mitgefühl‹ gezeichnet. Du warst die perfekte Geschworene für die Verteidiger. Die Staatsanwältin jedoch, die wollte dich unbedingt loswerden.«

Anschließend recherchiere ich im Internet und finde tatsächlich einzelne Zeitungsberichte über die Angeklagten. Die Geschichten, die ich lese, sind schockierend. Ist es wirklich möglich, dass die sympathischen und elegant angezogenen jungen Leute im Gerichtssaal (von denen ich mit meiner schweizerischen Naivität anfänglich dachte, sie seien Law Students im Praktikum) dies alles getan haben sollten? Die Bilder lassen mich nicht so schnell wieder los, und ich frage mich, ob die Angeklagten, wären sie unter anderen Bedingungen aufgewachsen, nicht wirklich Law Students hätten werden können.

Jury Duty – diesmal gilt es ernst

Einige Jahre später, inzwischen wohnhaft in Miami, erhalte ich wieder ein Aufgebot zur Jury Duty, diesmal geht es um einen Zivilprozess. Die ersten Stunden eines Montagmorgens spielen sich ebenso ineffizient ab wie bereits damals in Atlanta. Gegen Mittag wird – zusammen mit 25 weiteren – auch mein Name heruntergelesen, und unsere Gruppe wird vom »Court Bailiff« (dem Gerichtsdiener) in das viel zu kleine und viel zu kalte (Klimaanlage auf Volltouren!) Gerichtszimmer geführt. Dort sitzt erhöht, wie auf einem Thron, der Judge. Auf der einen Seite sitzen die Anwälte des Klägers, ein altes Ehepaar (etwa Ende 70?), auf der anderen Seite die zwei Verteidiger der angeklagten Partei. Wir, die potentiellen Jurors, werden gebeten, einen Fragebogen auszufüllen. Dieser ist so verfasst, dass aus unseren Antworten ein kleines Persönlichkeitsprofil ersichtlich werden soll. Anschließend erklärt der Richter den zu behandelnden Fall.

Der Kläger, ein Mann Anfang sechzig, klagt gegen seinen ehemaligen Arbeitgeber, eine private, katholische Universität. Er behauptet, die neue Präsidentin der Schule (eine Nonne, die älter ist als er) habe ihn, nachdem sie das Präsidium übernommen hatte, aus seiner Leitungsfunktion entfernen wollen. Er sei schließlich wegen seines Alters entlassen worden und verklage nun die Universität wegen »Age Discrimination«. Er habe danach keine gleichwertige Stelle finden können und zeitweise sogar als Uber-Fahrer arbeiten müssen. Die Gegenseite – die Universität – hält dagegen, dass während einer Reorganisation die Stelle des Angestellten aufgehoben wurde und dieser Entscheid nichts mit der Person und schon gar nichts mit dem Alter zu tun habe.

Der Judge sieht die Fragebögen durch und stellt jeder Person zusätzliche Fragen. Er informiert uns, dass dieser Fall eine Woche dauern wird. Sollte man ausgewählt werden, müsse man alle Abmachungen oder Termine für diese Zeit streichen, wobei der Arbeitgeber vom Gesetz her verpflichtet sei, den Lohn weiter zu bezahlen. Würde der Juror aus irgendeinem Grund entlassen, würde dies mit Gefängnis bestraft. Für eine selbständig arbeitende Person sieht es aber etwas anders aus: Der Staat Florida bezahlt ganze 15 Dollar pro Tag!

Nach einer kurzen Pause beginnt das »Striking«-Verfahren. Die Anwälte beider Seiten stellen verschiedene Fragen, um sich an unsere Gesinnung und Lebensphilosophie heranzutasten. »Mit welcher Persönlichkeit würdest du gerne einen Tag verbringen«? Antworten wie »mit George Harrison, mit Michelle Obama, mit Jesus etc.« sollen ihnen wohl weitere Hinweise geben – worauf auch immer.

Nach kurzem Hin und Her zwischen dem Judge und den Anwälten werden die Namen der auserkorenen Jurors vorgelesen, zu meinem Entsetzen auch meiner. Unsere Gruppe besteht aus acht Personen, drei Frauen und fünf Männern. Interessanterweise sind bei diesem Fall, bei dem es um Altersdiskriminierung geht, drei der Männer erst Anfang zwanzig.

Der eigentliche Prozess beginnt unmittelbar danach. Als Erstes werden wir vereidigt. Wir versprechen, nach unserem besten Wissen und Gewissen zu helfen, die Wahrheit zu finden. Wir erhalten Schreibblöcke und einen Kugelschreiber, damit wir uns Notizen machen können. Bevor wir in die Pause oder abends nach Hause gehen, wird alles wieder eingesammelt. Mehrmals täglich werden wir ermahnt, weder in unserer Jurors-Gruppe noch außerhalb des Gerichtgebäudes mit irgendjemandem über den Fall zu sprechen. Ebenso ist der Kontakt mit jeglichen involvierten Parteien untersagt. Selbst Körpersprache und Mimik sollten auf ein Minimum reduziert werden.

Der Kläger erzählt als Erster ausführlich seine ganze Geschichte, unterstützt durch (teilweise suggestive) Fragen seiner Anwälte. Rhetorisch geschickt werden Sätze gedreht und gewendet, damit die gewünschte Botschaft wirklich greift. Auch der Augenkontakt mit uns Jurors scheint ihnen wichtig, es kommt mir vor, als würde eine große Show aufgeführt. Generell gibt man uns das Gefühl, die wichtigsten Anwesenden zu sein. Wann immer wir den Saal betreten oder verlassen, ruft der Bailiff: »All rise for the Jury«, und alle erheben sich von ihren Plätzen.

Nach dem langen Statement des Klägers wird dieser vom Anwalt der Gegenseite vernommen. Er stellt ihm clevere Fragen, um die Geschichte aus einem anderen Blickwinkel zu beleuchten. Es wird schnell klar, wie wichtig dabei die Fähigkeit des Fragestellens ist. Mit seiner Ausdrucksweise – zwischen Sympathie, Verständnis und Provokation schwankend – versucht er, Unausgesprochenes herauszuschälen. Nach dieser Befragung haben die Anwälte des Klägers wiederum die Möglichkeit, allfällige Ungewissheiten oder Unklarheiten nochmals aufzunehmen.

In den nächsten Stunden und Tagen geht es im selben Stil weiter. Unzählige Zeugen des Klägers äußern sich und werden befragt. Immer wieder ertappe ich mich dabei, nicht mehr sachlich zu sein. Ab und zu kommt mein Unverständnis klar zum Ausdruck, ich schüttle nur den Kopf und zeige meine Emotionen. Immer wieder muss ich mir das »Big Picture« in Erinnerung rufen: Wozu bin ich hier, und was ist meine eigentliche Aufgabe.

Die eigene Lebensphilosophie spielt keine Rolle. Auch darf mich mein Mitgefühl nicht leiten, und es ist unwichtig, ob ich eine Person sympathisch oder nicht sympathisch finde. Als die weinende Frau des Klägers (einiges jünger als er) sich zum Beispiel beklagt, wie schlimm ihr Leben geworden ist, seitdem er keinen hochbezahlten Job mehr hat, muss ich mich am Stuhl festhalten. Obwohl sie mir als Mensch leidtut, sehe ich in ihrem Verhalten eher ein einstudiertes Schauspiel. Ebenfalls wird die ganze finanzielle Situation des Paares offengelegt, sie ist weitaus besser als diejenige der meisten Amerikaner. Auch wenn ihr Hund nun keinen so schönen Auslauf wie im ehemaligen Haus hat, lebt das Paar weiterhin sehr privilegiert. Doch zu urteilen, ob sich solche Leute zu Recht beklagen, tut ja nichts zur Sache und ist nicht relevant.

Jeden Morgen beginnt unsere Jury Duty um 9 Uhr und dauert bis 17 Uhr, unterbrochen durch eine einstündige Mittagspause. Die Verhandlungen ziehen sich in die Länge. Und tatsächlich, am Freitagnachmittag wird uns mitgeteilt, dass wir auch nächste Woche erscheinen müssen. Der Judge verspricht, dass dann spätestens am Mittwochabend die ganze Angelegenheit vorbei sein würde. Ich bin wütend – wütend auf den geldgierigen Kläger (aber vor allem auf seine larmoyante Frau), auf ihre geldgierigen Anwälte (Habt ihr noch nicht genug Geld verdient? Geht in Pension und genießt das Leben!), auf das System, das einem befiehlt, seinen ganzen Alltag auf den Kopf zu stellen. Ich sehe meine Termine der nächsten Woche vor mir, ich arbeite selbständig, ich muss alles verschieben, ich muss jonglieren ...

»Is there a person that absolutely can't be here next week?«, höre ich die Stimme des Richters. Ich melde mich (als Einzige), und meine Stimme verrät meine Gefühle. Der Judge gibt sich sehr verständnisvoll. Er erklärt uns, dass er sein Wort, wonach wir bis Ende dieser Woche hätten fertig sein sollen, halten möchte. Falls ich in der nächsten Woche wirklich nicht zurückkehren könne, werde er diesen Gerichtsfall abbrechen, am Montag eine neue Jury zusammenstellen und den Fall von neuem aufrollen. Ich stutze. In einer Zehntelsekunde wird mir klar, dass es nun von mir abhängt, ob diese ganze Woche für alle Anwesenden vergebens war. Mein Gewissen (und meine Neugierde) lassen das nicht zu – ich möchte wissen wie die Geschichte ausgehen wird.

»I will be here«, höre ich mich sagen. Der Judge bedankt sich bei mir, und ich höre ein tiefes Seufzen der Erleichterung im Saal. Bevor wir ins Wochenende entlassen werden, wird uns nochmals eingehämmert, dass wir den Fall mit niemandem besprechen dürfen, absolut niemandem (auch auf Schweizerdeutsch nicht ...?).

Je länger wir als Jury-Gruppe zusammen sind, deuten wir in den Pausen doch ab und zu das eine oder andere an. Es fällt allen schwer, Tag für Tag zuzuhören, aufzuschreiben und permanent zu schweigen. Am vorletzten Tag der Verhandlung steht meine Meinung fest. Ich bin überzeugt, dass alles gesagt wurde, was man hören musste. Ich beginne mich immer mehr zu fragen, was wohl die anderen Jurors denken. Sind die jungen Männer derselben Meinung? Sollten sie es nicht sein, würde ich für meine Meinung kämpfen, das ist mir inzwischen klar.

Am Mittwochnachmittag informiert uns der Richter, dass wir den Fall bis am Abend abschließen würden. Nachdem die letzte Zeugin ausgesagt hat, hören wir endlich, welche Entschädigung der Kläger wirklich verlangt. Nebst seinem kompletten Lohnausfall (einige Jahre sind seit seiner Entlassung vergangen) auch Schadenersatz für die Demütigungen ... weit über eine Million Dollar. Money, money, money.

Das Schlussplädoyer beider Seiten ist nochmals eine emotional aufgeladene und rhetorisch brillante Darbietung – es wäre tatsächlich schade gewesen, hätte ich das Ende verpasst! Die Anwälte wenden sich nun direkt an uns: »Denkt bei Eurem Urteilsspruch daran, dass ..., vergesst bei Eurem Entscheid nicht, dass ...« Intensiver Augenkontakt (vielleicht kann ich den einen oder die andere doch noch auf unsere Seite ziehen?), klare, prägnante Worte.

Dann schließlich (und endlich!) werden wir instruiert, worauf wir Jurors bei der Urteilsfindung achten sollen. Wir ziehen uns in ein Konferenzzimmer zurück. Die unzähligen Ordner mit Beweismaterial stehen uns zur Einsicht zur Verfügung. Als die Türe hinter uns geschlossen wird, möchten sich alle gleichzeitig äußern. Das Bedürfnis, endlich über diesen Fall frei sprechen zu dürfen, ist immens. Die Diskussion ist höchst lebendig, dauert aber nicht sehr lange. Schnell ist man sich einig.

Vor uns liegt das Blatt Papier mit der entscheidenden Frage: Hat sich die Universität der Altersdiskriminierung gegen Dr. XY schuldig gemacht? Alle schreiben wir die Antwort: Nein. Der Jüngste unter uns wird bestimmt, unseren Urteilsspruch vorzutragen.

Gemeinsam kehren wir zurück in den Gerichtssaal. Zum letzten Mal stehen alle für uns auf. Ich stelle mir vor, wie das Leben bei all diesen Leuten nach diesem Tag weitergehen wird. Der Anwalt sowie seine junge Assistentin, welche die Universität repräsentierten, werden bestimmt einen satten Bonus erhalten. Die Anwälte des Klägers werden nach dieser Schlappe wohl entscheiden, sich endgültig zur Ruhe zu setzen (war ja auch wirklich an der Zeit!). Der Kläger und seine Frau – die großen Verlierer in dieser Geschichte – werden realisieren, dass sie auch ohne den erhofften »Zuschuss« weiterhin ein komfortables Leben haben werden. Die Frau wird voraussichtlich mehr Mühe damit haben und unter Umständen bald wieder im Gerichtsgebäude stehen – mit ihrem Scheidungsanwalt (diese Möglichkeit wurde ausnahmslos von allen Jurors in Betracht gezogen).

»Seid ihr zu einem Urteilsspruch gekommen«, fragt der Judge.
»Yes, your honor«, antwortet unser 21-jähriger Sprecher.
»Wie lautet das Urteil?«
»Not guilty.«

Jede einzelne Jury-Person wird nun namentlich gefragt, ob »not guilty« wirklich auch ihr Urteil sei. Alle bejahen.

Anschließend erhalten wir ein Dankesschreiben und einen herzlichen Händedruck des Richters. Wir werden in die Freiheit entlassen. Ein ganzes Jahr darf ich nun in Florida nicht mehr zur Jury Duty aufgeboten werden.

College admission scandal

Am 12. März 2019 schlug das FBI im ganzen Land zu. In einer Operation mit dem Decknamen »Varsity Blues« wurden über 50 Personen verhaftet, darunter viele prominente Schauspielerinnen und Schauspieler, Rechtsanwälte oder Topmanager von Großfirmen. Gemäß der Anklage hatten die Angeklagten für ihre Kinder mit hohen Geldzahlungen an einen Vermittler den Zugang zu sogenannten Elite-Colleges und -Universitäten regelrecht erkauft. Zwei Varianten standen dabei im Vordergrund: Entweder wurden Coaches von Sportteams prestigeträchtiger Colleges bestochen, damit die (unsportlichen) Kinder als »athletic recruits« aufgenommen würden. Oder die Eltern bezahlten dafür, dass die

SAT-Testscores ihrer Kinder so aufgemotzt wurden, dass sie für die Aufnahme in diese Colleges ausreichten.

Alle klassischen Zutaten für süffige Schlagzeilen waren somit gegeben: Celebrities, Arroganz, Ungerechtigkeit, Dummheit, Ungleichheit, Klassenprivilegien, Korruption, Schmiergelder, Schlupflöcher.

In den folgenden Monaten begannen die Gerichtsverhandlungen, und die ersten Urteile wurden gesprochen. Einige der Eltern waren geständig und reuig und kamen mit relativ milden Gefängnisstrafen davon. Felicity Huffman beispielsweise, eine Hollywood-Schauspielerin und bekannt aus der Serie »Desperate Housewives«, hatte 15 000 Dollar bezahlt, damit die Testscores ihrer Tochter »verbessert« wurden. Sie erhielt 14 Tage Gefängnis, ein Jahr Bewährung, 30 000 Dollar Geldbuße und 250 Stunden Community Service.

Oder Douglas Hodge, ehemaliger CEO eines globalen Finanzunternehmens und vieldutzendfacher Millionär (allein seine philantropischen Zuwendungen betrugen über 30 Millionen Dollar innerhalb zehn Jahren), hatte über die Jahre hinweg eine knappe Million Dollar bezahlt, damit seine vier Kinder als privilegierte Sportler akzeptiert wurden, und dies obwohl sie gar nie in irgendeiner Art und Weise sportlich tätig waren. Sein Urteil lautete auf neun Monate Gefängnis, 750 000 Dollar Geldbuße, zwei Jahre Führungsaufsicht und 500 Stunden Community Service.

Andere wiederum, beispielsweise die Schauspielerin Lori Loughlin, plädierten auf nicht schuldig und nahmen damit das Risiko eines Prozesses in Kauf. Sie und ihr Mann hatten 500 000 Dollar bezahlt, damit ihre zwei Töchter ins Ruderteam ihres Wunsch-Colleges aufgenommen wurden. Einzige Unschönheit: Die beiden Töchter hatten gar nie gerudert.

Das Leben vieler reicher (und demzufolge privilegierter) Kinder in den USA spielt sich in einer Blase ab. Sie durchlaufen ihre Schulzeit in elitären Privatschulen, wo sie alle Freiheiten genießen. Egal wie viel (oder wenig) sie sich anstrengen, sie werden – falls nötig – immer beliebig viele (teuer erkaufte) Betreuungs- und Coaching-Stunden erhalten. Schlechte Noten gibt es grundsätzlich sowieso nicht, das wäre doch mit einem Schulgeld von mehreren zehntausend Dollar pro Jahr auch nicht wirklich vereinbar. In ihrem ganzen Leben existiert eigentlich nur eine einzige akademische Hürde: Der SAT-Test, der als Aufnahmekriterium ins College zentral ist. Als privilegierte Kinder hätten sie zwar auch dabei alle nur erdenklichen Unterstützungen und Tutoring-Lessons, und diese würden noch so gerne von den Eltern finanziert. Aber die Angst steht trotzdem im Raum, dass ihre Fähigkeiten auch danach nicht ausreichen könnten. Und einfacher ist es natürlich, wenn man sich gar nie für eine solche Prüfung anstrengen muss, sondern Schlupflöcher findet (wenn auch illegale), wie man diese umgehen kann.

Dass Geld den Zutritt zu sogenannten Elite-Colleges einfacher machen kann, ist nichts Neues. So ist es für viele dieser Institutionen üblich, Kinder von Alumni bevorzugt zu behandeln (man nennt diese »legacy students«). Auch können teure Consultants und Ghostwriter aushelfen, die College-Bewerbungsunterlagen für gutes Geld zu verfassen oder zu optimieren.

Oder aber die wirklich teure Variante: Großzügige Spenden an eine Universität (sind steuerlich abzugsfähig!) können ebenfalls Türen öffnen. Jared Kushner etwa, der Schwiegersohn von Donald Trump, wurde von der Harvard University akzeptiert, obwohl die Noten und Test Scores dafür eigentlich nicht ausgereicht hätten. Aber sein Vater hatte der Universität kurz vorher über 2 Millionen Dollar gespendet.

THAT AMERICAN WAY OF LIFE

Family and such

Amazing kids

»Parenting« ist eigentlich ein schönes Wort, und es wird von amerikanischen Eltern gerne und häufig zitiert. Allerdings hatten wir sehr oft das Gefühl, dass diesbezüglich zwischen Reden und Handeln Welten bestehen.

Kinder in die Welt zu setzen scheint eine Selbstverständlichkeit zu sein – es gehört einfach dazu. Da aber ein bezahlter Mutterschaftsurlaub allein vom Arbeitgeber abhängt und oft kärglich ausfällt, werden die Kinder schon vom jüngsten Babyalter an in eine Krippe gebracht. Ein wenig später besuchen sie eine der vielen (privaten) »Pre-Schools« und oftmals auch noch zusätzliche organisierte Gruppenaktivitäten. Die Erziehung im weitesten Sinn wird gerne (und möglichst früh) an »Fachleute« delegiert.

Die organisierte Beschäftigung ist für die Kinder essenziell, denn vielen Eltern fehlt das Verständnis oder der Wille, ihre Sprösslinge kreativ und sinnvoll in den Alltag einzubinden. Der Fernseher – mit unzähligen Kindershows – ist irgendwann zu langweilig und all die inzwischen vorhandenen Spiele auf dem Tablet ebenfalls. Die freie Bewegung, also das spontane Spielen im Freien, ist weitgehend unbekannt. »Playdates« mit Gleichaltrigen werden vom Babyalter an arrangiert. Grundsätzlich gilt die Idee von »keeping the kids busy«, also die Kinder konstant mit etwas beschäftigen. Einfach »Kind sein« dürfen, der Fantasie freien Lauf lassen, ist nicht populär. Langeweile soll ja nie aufkommen.

Je älter die Kinder werden, umso mehr Aktivitäten werden ins Tages- und Wochenprogramm hineingezwängt. Man hetzt vom Baseballtraining in die Schlagzeugstunde, vom Karate- zum Malkurs, immer überzeugt, dass die Kids großes Talent im einen oder anderen besitzen. Und falls nicht, ist es immerhin gut für die »Social Interaction«, meinen die Eltern, und hoffen, dass die Kinder irgendwann in einer anderen Sportart oder Aktivität (die als nächste auf dem Plan stehen) ihre große Begabung entdecken werden. Hat man mehrere Kinder, wird das Herumchauffieren logistisch schnell anspruchsvoll. Die Eltern, mehrheitlich Mütter, wirken oft gestresst, und nicht selten überkommt einen das Gefühl, dass ihr Prahlen über das dichtgedrängte Programm sowie die überfüllte Agenda ihre eigene (zutiefst befriedigende) Sportart ist. Es scheint, als würden sie einen Wettkampf veranstalten, wer mehr »busy« ist.

Das alles hat zur Folge, dass oftmals Schulaufgaben im Auto auf dem Rücksitz gemacht werden. Oder während des Trainings des Bruders/der Schwester auf dem Rasen oder auf irgendeinem Klappstuhl. Die Zeit zum Einkaufen und Essen vorbereiten fehlt dann meistens, und so werden fertige Abendessen aus dem Tiefkühlschrank des Supermarktes aufgewärmt. Oder man macht einen Stopp bei einer der unzähligen Fast-Food-Ketten.

Am Wochenende ist das Programm der Familien noch gedrängter. In vielen Sportarten werden Matches gegen andere Teams gespielt, was wiederum ein Herumfahren mit sich bringt. Und da man ja die ganze Woche für kaum etwas Zeit hatte, wird am Wochenende alles – von Hose kaufen, Haare schneiden, Rasenmähen, das große Schulprojekt vorbereiten – erledigt. Die »doing, doing, doing«- oder auch »moving, moving, moving (im Auto selbstverständlich)«-Mentalität wird von klein auf vorgelebt.

In den Familien werden mehrheitlich Autonomie und Freiheit gelebt. Strukturen, Ordnung, Regeln fehlen meistens, der Erziehungsstil ist extrem permissiv. Praktisch nie sieht man ein Kleinkind, das nicht etwas isst oder trinkt. Und wenn es zu weinen oder quengeln anfängt, wird fast reflexartig in die Tasche gegriffen, um es mit einem Snack oder einem Saft zu beruhigen. Die Idee, dass es nun mal Momente gibt, in denen man irgendwelche Unpässlichkeiten aushalten muss, scheint unbekannt. Grenzen werden kaum gesetzt und auf die meisten Fragen oder Forderungen der Kinder wird mit »yes, honey« oder »sure, honey« geantwortet. Nur selten lernen die Kinder, mit Widerstand oder Absagen umzugehen. Eine Lehrerin, die etwas fordert oder mit etwas nicht einverstanden ist, wird einfach als »mean« bezeichnet und den Eltern als solche verkauft (no further questions). Ein Kind, das andere Kinder plagt, wird fast immer von seinen Eltern in Schutz genommen (mein wunderbares Kind etwas Falsches machen? Unmöglich!).

Jedes Kind ist grundsätzlich »a great kid«, »an awesome kid«, »an amazing kid«, und fast alles, was es macht, wird immer in den höchsten Tönen besungen. Beim Sport feuern die Eltern ihre Kinder mit den positivsten Sätzen an; das Schlechteste, was man je zu hören bekommt, ist »nice try«. Egal ob nach dem Fußball-, Basketball- oder sonst irgendeinem Spiel, die Kids werden ausschließlich und immer gelobt, ganz egal, wie sie gespielt haben (auch wenn sie nur auf der Ersatzbank gesessen sind). Auch konstruktive Kritik wird immer als Kritik empfunden. Es gibt kaum etwas, woran sich Kinder oder Jugendliche orientieren können, die Selbsteinschätzung wird verzerrt.

Dass Mädchen zu mehr Selbstbewusstsein und Jungs zu mehr Sensibilität erzogen werden sollten, ist weltweit ein altes Thema. Bei sehr vielen amerikanischen Eltern und Familien ist dieses Denken jedoch noch nicht angekommen, und gewisse Verhaltensmuster hinken vielen westeuropäischen Ländern hinterher.

Auch ein eher burschikoses, draufgängerisches Mädchen wird irgendwann in die »little princess« verwandelt, der sehr früh beigebracht wird, dass sie »cute and nice« sein muss, und dass die äußerliche Erscheinug einfach das Wichtigste ist. Während die Jungs sich Hände und Nägel dreckig machen dürfen, wird sie gerne von Mutter und/oder Oma in den Nail Salon mitgenommen. Dort gibt es rosarot eingerichtete Spielecken extra für die kleinen Manikür-Hände. Nachdem dann alle farbige Nägel haben, gehen »the Girls«, wie sich auch ältere Frauen gerne nennen, auf eine kleine Shopping Tour. Die Kleidchen und Schuhe müssen schließlich farblich zu Saison, Feiertag, Anlass oder eben den frisch lackierten Nägeln passen. Spätestens in der Pubertät, und damit in der »Middle School«, werden Beliebtheitskategorien gebildet. Den jungen Girls wird bewusst, in welcher Gruppe/Kategorie sie sich befinden – sie werden damit konfrontiert, ob sie hübsch genug sind und die äußeren Attribute besitzen, um »popular« zu sein.

Die Anstrengungen, in die höchste Liga zu gelangen, werden sehr oft von zu Hause unterstützt. Die Mutter fühlt natürlich mit der Tochter mit, denn auch sie war mal jung, und kennt das Spiel bestens. Es käme ihr aber kaum in den Sinn, dieses Verhalten als nicht mehr zeitgemäß zu hinterfragen. Spätestens in der High School, wenn auch das männliche Geschlecht ins Spiel eintritt, wird das Girl alles daransetzen, im Popularitäts-Contest zu bestehen. Gemacht wird dabei, was gut ankommt – das Spektrum reicht von den (früh übt sich …) lackierten Fingernägeln bis hin zu Blow Jobs für die Boys.

Get together

Man muss die Leute nicht besonders gut oder lange kennen, um in den USA auf eine Party eingeladen zu werden. Das ist bestimmt etwas, das einem sehr entgegenkommt, wenn man irgendwo neu zugezogen ist und noch niemanden kennt. Es kann aber auch gut sein, dass man die Party verlässt, ohne wirklich neue Bekannte gefunden zu haben. Alles spielt sich meist sehr unkompliziert ab. Die Gastgeber stellen im Esszimmer oder in der Küche Getränke sowie Platten und Schüsseln mit verschiedenen Gerichten auf den Tisch. Die Gäste bringen ebenfalls etwas mit und stellen es hinzu. Wird man eingeladen, begleitet die Frage, was man mitbringen dürfe, das Dankeschön für die Einladung.

Zu Beginn der Party stehen die Leute herum, es gibt keinen offiziellen Anfang und auch kein offizielles Ende. Jede Person holt sich individuell etwas zu essen und zu trinken. »Ist das der Hauptakt?«, fragt man sich oft. Das Klischee, dass Amerikaner offene Menschen sind, stimmt zweifellos. Und trotzdem: Auch sie scheinen sich besser in ihrem bekannten Circle zu fühlen. Natürlich strecken sie einem schnell und ohne Peinlichkeit die Hand entgegen und stellen sich vor, doch das Interesse an einem muss trotzdem nicht sonderlich groß sein. Die Gespräche sind und bleiben meistens ein Schwimmen an der Oberfläche.

Sport ist bestimmt das wichtigste Gesprächsthema, und wenn man nicht mitreden kann, bleibt oder wird man sehr schnell ein Außenseiter. Über Themen wie Politik und Religion schweigt man lieber, niemand möchte schließlich ins Fettnäpfchen treten. Die ursprünglich gutgemeinte »political correctness« schränkt heutzutage differenzierte Diskussionen massiv ein und kreiert häufig eine steife, oft unnatürliche Gesprächskultur.

Manchmal trifft man eine Person, wechselt mit ihr ein paar interessante Sätze, findet sie sympathisch und kann sich gut vorstellen, dass das Gespräch auch vielfältiger und tiefer werden könnte. Überrascht wird man jedoch, wenn sich das Gegenüber auf einmal abrupt auf dem Absatz dreht und mit einem »Excuse me, I have to get a drink« oder Ähnlichem von einem abwendet. Etwas verblüfft schaut man ihm nach, riecht unauffällig an den eigenen Achselhöhlen, versucht denkbare Essensreste in den Zähnen auszumachen … Ist die Diskussion dem Gegenüber bereits zu weit gegangen? Ist es ihm peinlich, so lange mit derselben Person zu plaudern? Ist es wichtig, mit möglichst vielen verschiedenen Gästen zusammen gesehen zu werden? Zeigt dies vielleicht, dass man viele Bekannte und Freunde hat?

Das servierte oder von den Gästen mitgebrachte Essen ist meistens aus dem Supermarket. Gute Qualität ist dabei nicht relevant und gesunde Alternativen werden eher stiefmütterlich in die Ecke verbannt. Eine hausgemachte Salatsauce aus feinem Olivenöl und frischen Kräutern macht dem dickflüssigen Dressing aus dem Laden keine Konkurrenz. Die Getränke haben kaum eine Logik. Meist wird von verschiedenen Weinsorten je eine Flasche aufgetischt, was es schwirig machen kann, wenn man mehr als ein Glas vom selben Wein trinken möchte. Natürlich läuft immer irgendwo der Fernseher, vor allem wenn zur selben Zeit ein Sportevent stattfindet (und wann ist das schon nicht der Fall).

In größeren Häusern gehört der Billardtisch zum guten »Entertainment-Ton«. Vor allem Männer machen gerne davon Gebrauch, während sie dabei lässig Bier aus der Flasche oder Dose trinken. Gehen die Gäste nach Hause, nehmen sie wieder mit, was von ihrem mitgebrachten Food nicht gegessen wurde. Vielleicht formuliert jemand ein »nice meeting you«, doch die Chance ist groß, dass die Leute die Party ohne Abschiedsworte verlassen.

Wird man zum Dinner eingeladen, sitzt man selten mit den Gastgebern alleine am Tisch (außer man ist wirklich sehr gut befreundet). Meistens werden ein paar Leute, die einander teilweise oder aber auch gar nicht kennen, gemeinsam eingeladen. Während der Vorspeise stochert man ein wenig in der Banalität herum, und die Gespräche bei Tisch unterscheiden sich nicht so sehr von jenen bei einer größeren Party. Diskussionen über ernstere Themen werden auch hier gemieden. Der Sport ist das einzige Thema, bei dem es akzeptiert wird, dass man anderer Meinung sein darf und diese auch offen vertreten kann.

Aber: Einladungen und Partys spielen sich ebenso oft in öffentlichen Räumen ab. Für viele Amerikaner ist es zu kompliziert, zu ungewohnt oder aber auch zu intim, jemanden zu sich nach Hause einzuladen. Es kann gut vorkommen, dass man jahrelang nebeneinander wohnt, ohne dass man je einen Fuß ins Nachbarshaus oder die Nachbarswohnung setzt. Einfacher und auch neutraler ist es, sich in einem Restaurant, Coffeeshop oder Gemeinschaftsraum zu treffen. Dort ist es dann auch eher möglich, den Anlass schneller und zwangloser zu beenden.

Merry Christmas

Eigentlich versucht man, die Vorweihnachtszeit und die Festtage als Holiday Season zu bezeichnen. Der Grund dafür ist die »Political Correctness«, die Angst, dass sich sonst die nicht-christlichen Religionen ausgeschlossen fühlen könnten. Grundsätzlich eine gute Idee, doch de facto wird Weihnachten über alle Maßen propagiert, bis ins Letzte kommerzialisiert und den meisten Leuten – egal welcher Religion – somit »angedreht«. Die Weihnachtsdekoration in den Läden beginnt spätestens Anfang November, sofort nachdem die Halloweenmasken und -süßigkeiten weggeräumt worden sind. Der Monat November, obwohl eigentlich der Monat des Thanksgiving-Festes, ist heutzutage bereits ganz dem Weihnachtsrummel gewidmet. Als eine Art Tradition stehen die Hausdekorationen am Freitag nach Thanksgiving auf dem Plan. Der Weihnachstbaum, ob künstlich oder natürlich, wird aufgestellt. Häuser und Vorgärten werden in ein Lichtermeer verwandelt. Oftmals werden Figuren wie Santa Claus, Schneemänner und Rentiere im Rasen vor dem Haus platziert, bei Dunkelheit mögen sie dann leuchten oder blinken.

Auch im Innern der Häuser wird weihnachtliches Dekorieren sehr ernst genommen. Oftmals genügt ein Weihnachtsbaum nicht, sondern es braucht mehrere in verschiedenen Räumen. Viele Leute verwenden spezielles Geschirr und spezielle Gläser mit irgendeinem Weihnachtsmotiv drauf, und einige tragen sogar Kleider oder Schmuck mit demselben Sujet. Und dann gibt es auch manche, die sogar ihr Auto mit einem Rentiergeweih aus Stoff schmücken, das am oberen Rand der Seitenfenster befestigt wird. Betuchtere Leute stellen gerne eine »Christmas Decorator«

an, die sich wie eine Weihnachtsfee um die ganze Angelegenheit kümmert und im Januar auch wieder alles wegräumt.

Nach dem Thanksgiving-Fest (am vierten Donnerstag im November) beginnt der große »Black Friday«-Shopping-Wahnsinn. Es kursieren verschiedene Varianten, was der Tag genau bedeuten soll, doch am meisten Sinn macht diejenige Geschichte, wonach die Retailer an diesem Tag ihren Gewinn mit entsprechenden Aktionen und Attraktionen von rot auf schwarz drehen wollen. Noch vor ein paar Jahren waren die Läden an Thanksgiving geschlossen und öffneten erst am Freitag frühmorgens. Inzwischen jedoch werden an bestimmten Orten sogar am Donnerstagnachmittag die ersten Türen geöffnet. Die Sales, die angeboten werden, sind meistens unglaublich, und die Leute kaufen wild drauflos, laden sich die Kreditkarten auf und sind bereit, die langen Warteschlangen vor den Kassen auf sich zu nehmen.

Heutztage wird man natürlich auch mit den verrücktesten Online-Angeboten und Werbemails bombardiert. Am Montag nach Thanksgiving wird dann mit dem Cyber Monday in extremis nachgedoppelt. Etwas konsterniert beobachten wir, dass Black Friday und Cyber Monday daran sind, die Welt zu erobern!?

Der Kommerz um Weihnachten wird selten hinterfragt. Shopping und die Anhäufung von materiellen Dingen gehören zum amerikanischen Lifestyle. Jeder und jede werden denn auch beschenkt. Der 24. Dezember ist kein besonderer Tag, außer dass man sich nochmals in die Läden stürzen kann, um das letzte Geschenk zu ergattern.

Der 25. Dezember (Weihnachtsmorgen) ist der eigentliche große Weihnachtstag. Den Kindern wird erzählt, dass Santa in der Nacht durch den Kamin ins Haus gefallen ist und Geschenke unter dem Baum gelassen hat. Früh morgens steht die Familie auf, und noch im Pyjama werden die unzähligen Päckchen geöffnet. Bei den meisten Geschenken nimmt man die Preisetikette gar nicht weg oder verlangt beim Kauf im Laden ein »Gift Receipt«. Damit kann man am 26. Dezember wieder in die Läden eilen und das unerwünschte oder unpassende Geschenk umtauschen. Im Volksmund wird der 26. auch als »national return day« bezeichnet.

Dining ...

»Wait to be seated«, steht meistens auf einer Stehtafel am Eingang, bevor man ein Restaurant betritt. Eine meist junge, sehr oft attraktive (das wichtige Attribut bei der Anstellung) »Hostess« führt die Gäste an einen freien Tisch. Sie stellt die Speisekarte vor einen hin und verabschiedet sich. Ihr Job ist damit erledigt. Kurz darauf taucht jemand auf, der einem ungefragt die leeren Gläser mit Leitungswasser (und natürlich vielen Eiswürfeln) füllt. Diese Person verhält sich sehr unauffällig und spricht oftmals gar kein Englisch. Das Wasser wird gratis angeboten und erinnert an vielen Orten nach dem ersten Schluck ans stark chlorierte Schwimmbadbecken der Jugendzeit.

Erst danach tritt der Waiter/die Waitress in Erscheinung. Oftmals sind diese »Servers« – wie sie in der Umgangssprache genannt werden – junge Leute, die sich entweder Geld zum Studium dazuverdienen oder die nach ihrer Schulausbildung keinen Job finden können. Vor allem in größeren Städten wie New York oder L.A. wären sie eigentlich lieber Schauspieler oder Künstler. Oder sie haben etwas studiert, das in den USA nur spärlich gefragt ist. Vielleicht sind sie auch alleinerziehend, und die Arbeitszeiten im Restaurant passen in ihren Stundenplan oder denjenigen der Kinder. Eine Ausbildung als Serviceangestellte(r) in irgendeiner Form existiert nicht, das »waitressing« lernt man »on the job«. In sehr guten Restaurants dauert das Anlernen einfach etwas länger. Die Servers verdienen keinen festen Lohn. Sie erhalten ein Grundeinkommen (je nach Staat sogar weniger als den Mindestlohn) und verdienen sich ihr Gehalt vor allem mit »Tips«, also mit Trinkgeldern. Dieses Trinkgeld im Restaurant gehört zur amerikanischen Kultur, und die Gäste wissen, dass sie mindestens 15 % auf ihre gesamte Rechnung draufschlagen müssen. Da dieses Konzept vielen Touristen unbekannt ist, wird an Touristenorten automatisch ein durchschnittlicher Trinkgeldbetrag mit eingerechnet. 2016 haben ein paar Restaurants in New York versucht, dieses »Tipping« abzuschaffen. Sie zahlten ihren Angestellten fixe, anständige Löhne und erhöhten dafür die Preise der Angebote. Dieses Experiment hat nicht geklappt; viele Servers verließen das trinkgeldfreie Restaurant, und die Kunden beklagten sich über die hohen Restaurantpreise und wählten andere Lokale.

Die »Servers« sind meistens sehr freundlich und geben sich große Mühe, dem Gast alle Wünsche zu erfüllen. Dazu gehört auch immer ein wenig small talk. Die Motivation und die Aussicht auf ein gutes Trinkgeld sind wohl in den meisten Fällen verlinkt. Bestellt man das Essen, wird die Wahl dann auch prompt vom Server kommentiert mit Sätzen wie: »Good Choice« oder »My Favorite«, als ob dies eine Qualitätsbestätigung für irgendetwas wäre. Kommentare in dieser Art und Weise sind Standard und erstrecken sich quer durchs Land.

Viele Amerikanerinnen nehmen sich gerne die Freiheit heraus, sich ihre Menüs selber zusammenzustellen. Es kann sogar sein, dass sie das Vorgegebene komplett umkrempeln. Sie möchten das Salatdressing »on the side«, sie tauschen Kartoffeln gegen Broccoli, ihr Fisch soll gedämpft und nicht grilliert sein. Den doppelten Espresso bestellen sie mit »one shot with caffeine, one shot decaf« (natürlich mit soja-, almond- oder ricemilk) und für den ice tea (das Lieblingsgetränk im Süden des Landes) verlangen sie einen Sweetener, oder wenn es ganz alternativ zu- und hergeht: Stevia.

Hat man das Essen bestellt, ist es reiner Zufall, ob der Server die vorgelegte Weinkarte interpretieren kann. Es gibt zwar immer mehr Restaurants, die hauseigene »Sommeliers«, die etwas von Wein verstehen sollten, anstellen. Ist das jedoch nicht der Fall, empfehlen viele einfach wieder ihre »Favorites«, oder geben sogleich zu, dass sie keine Ahnung von Wein haben, weil sie nur Bier trinken.

Dass man mit Weinkultur nicht viel am Hut hat, stellt man spätestens dann fest, wenn vier Leute am Tisch eine Flasche Wein bestellen und der Server die ganze Flasche auf einmal in die Gläser verteilt, bis sie randvoll sind und die Flasche gleich abgeräumt werden kann. Auch ist die Temperatur der Weine meistens allen egal, und nicht selten wird gestaunt, wenn man diese in Frage stellt (European Snobs!). Die Weintrinkkultur hat tatsächlich in den USA eine kurze Vergangenheit. Erst seit gut drei Jahrzehnten hat sie sich überhaupt etabliert.

Das Essen selbst wird nicht vom Server serviert. Eine – immer leicht gestresst wirkende – Person aus der Küche, die man zuvor noch nicht angetroffen hat, bringt einem die heißen Teller (be careful, it's hot!). Der Server schaut dann schnell vorbei, um nachzufragen, ob alles okay ist. Danach sieht man ihn/sie längere Zeit nicht mehr. Dafür kommt immer wieder der Wassereinschenker und füllt die Gläser mit Eiswasser nach (ja, auch im kalten Winter). Möchte man kein Eis im Wasser (damit wird man definitiv als Europäer entlarvt), klappt diese exotische Bitte vielleicht beim ersten Glas. Doch beim Nachschenken ist dies meist wieder vergessen.

Kaum hat man den letzten Bissen heruntergeschluckt – oder man ist noch kauend daran –, steht der Server vor einem, räumt sofort den Teller weg und fragt, ob man Lust auf Dessert oder Kaffee habe. Ist man ein langsamer Esser, erhält man vom Server viel Aufmerksamkeit. Er schwärmt um einen herum, damit er den Moment, wenn Gabel und Messer weggelegt werden, auf keinen Fall verpasst. »Are you still working on it?«, fragt er charmant. »Well, yes ...« (meine Mutter hat mir beigebracht, nicht mit vollem Mund zu sprechen!). Aber seit wann ist essen Arbeit? Es gibt Momente, während denen man ganz einfach, und ohne unterbrochen zu werden, sein Essen genießen möchte.

Was einem Nichtamerikaner als hektisch erscheint, gilt in den USA grundsätzlich als guter Service. Der Server war aufmerksam und hat einem nicht vor einem leeren Teller sitzen lassen, was komplett unakzeptabel wäre. Entscheidet man sich gegen ein Dessert – weil der Magen mit dem Tempo nicht mithalten kann –, handelt es sich nur um Minuten, bis einem die Rechnung präsentiert wird. »You are done, go home!«, heißt das indirekt.

Will man als Nichtamerikaner ein Restaurant-Dinner wirklich genießen und sich beim Essen Zeit lassen, braucht es eine Strategie. Zuerst wird der Aperitiv genossen. Ist man bereit, etwas Kleines zu essen, können die Appetizers (Vorspeise) bestellt werden. Mit der Bestellung des Hauptganges wartet man vorläufig noch. Bestellt man nämlich Vorspeise und Hauptgang bereits am Anfang, wird es ziemlich sicher geschehen, dass einem der Hauptgang serviert wird, während man noch inmitten der Vorspeise ist (still working). Amerikaner möchten, dass alles schnell geht. Nicht selten hat man deshalb wechselnde Tischnachbarn, während man seinen Abend genießt. Turning the table, also möglichst viele Leute während eines Abends am selben Tisch zu bedienen, ist »good business practice« der Restaurants.

Für viele Amerikaner ist das Essen auch nie etwas wirklich Genussvolles. Man stillt den Hunger, und danach möchte man möglichst schnell zum nächsten Programm übergehen. Auch gehört es bei gewissen Leuten einfach dazu, neue Lokale zu besuchen, damit man mitreden kann. Nach einer guten Review über ein neues Restaurant kann man häufig für einige Zeit keinen Tisch reservieren. Allerdings ist es gut möglich, dass ein paar Wochen später das Restaurant bereits ziemlich leer ist, die Speisekarte möglicherweise gewechselt hat, der Besitzer vielleicht eine neue Person oder das Restaurant gar »out of business« ist.

Was Geschäftsessen betrifft: Sie scheinen nichts zu sein, worauf sich die Leute freuen. Sie gleichen eher einer Pflichtübung, die man möglichst schnell hinter sich bringen und dann nach Hause gehen möchte.

... and drinking (Coffee)

Denkt man an Coffeeshops und die USA, leuchtet unwillkürlich die Sirene im grünen Kreis auf – der Name Starbucks. Die Coffeeshop-Kette besitzt etwa 29 000 Läden, verteilt in der ganzen Welt. Was sich heute für viele als fraglich oder imperialistisch anfühlt, begann eigentlich als eine gute, bescheidene Idee, kreiert aus dem Wunsch heraus, guten Kaffee trinken zu wollen. Der eigentliche »American Coffee« ist ja ein eher wässeriger, dünner Filterkaffee, der fast überall für wenig Geld angeboten wird. Die Gründer von Starbucks wollten kräftigeren Kaffee aus einer Espressomaschine unter die Leute bringen.

Obwohl sich diese Kette mittlerweile wie eine überdimensionierte Lawine verhält, ist es noch gar nicht lange her, seit sie überhaupt existiert. In den 70er Jahren wurde der erste Starbucks Coffeeshop in Seattle eröffnet, doch es dauerte mehr als zehn Jahre, bis er überhaupt profitabel war. Und erst in den 90er Jahren versuchte er sein Glück im südlicheren Kalifornien. In den letzten zehn Jahren zog das Geschäft so richtig an. Es wundert nicht, dass sich heute Leute in allen Ländern mit Starbucks-Filialen beklagen, dass dieser Riese ihre lokalen Cafés verdrängt (hat). Und inzwischen ist es nicht nur purer Kaffee, der verkauft wird; das Starbucks-Angebot wurde so erweitert, dass sich alle auf irgendeine Weise angesprochen fühlen können. Dabei wird mit der großen Zuckerkelle angerührt. Es werden Getränke und dergleichen angeboten, die jede einigermaßen gesundheitsbewusste Person strikt meiden müsste, weil mit einem der Superdrinks die empfohlene Anzahl von Tageskalorien bereits überschritten wird.

In den 90er Jahren, als erst wenige Starbucks existierten, verströmte die Self-Service-Atmosphäre etwas Modernes. Es war cool, sich etwas selber an der Theke zu holen und sich dann irgendwo hinzusetzen, sei es für kürzere oder für längere Zeit. Es fühlte sich trendig an – keine klassische Bedienung, kein Warten, Selbstbestimmung, Freiheit. Diese eher unpersönliche, kühlere bis unterkühlte Art des Kaffeetrinkens wäre wohl eine gute Alternative gewesen, hätte sie als Zusatz zum Altbewährten bestanden. Inzwischen ist es aber so, dass Starbucks in den USA die Coffeeshop-Kultur monopolistisch beherrscht und definiert. In großen Städten existieren zwar auch Coffeshops mit anderen Namen, doch außer einer anderen Kaffeesorte gleichen sie ihrem Konkurrenten bis ins Detail. Und so findet man selten irgendwo einen Ort, wo man sich gemütlich hinsetzen und mit Freundinnen unterhalten kann.

Die heutigen Coffeeshops sind eher eine Symbiose von Kaffeebecher und Computer. Junge Menschen sitzen alleine an ihrem Tisch, trinken Kaffee (oder eben sonst irgendeine Kaffee-Drink-Erfindung) und starren in ihre Laptops. Viele arbeiten oder unterhalten sich auf irgendeine Weise mit ihrem Computer. Es wird kaum geredet, die Zeiten, als man sich zum Kaffeetrinken traf, um sich mit Leuten auszutauschen, scheinen vorbei zu sein. Dass man heutzutage jemanden im Coffeeshop kennenlernt, ist wohl eine Rarität. Eher ist es so, dass man sich mit seinen Facebook-Freunden abgibt, während man überhaupt nicht wahrnimmt, was sich im realen Leben neben einem abspielt, ob jemand und wer neben einem sitzt.

Die vielen Drive-throughs ermöglichen es den Leuten, vor das Starbucks-Fenster zu fahren und, im Auto sitzend, ihr Getränk zu bestellen. Die Take-out-Kultur macht es möglich, dass man seinen Drink im Papierbecher überallhin mitnehmen kann (hmm, der liebe Abfall). Will man eine richtige Porzellantasse, muss man dies bei der Bestellung ausdrücklich so verlangen – die Wegwerfmentalität ist omnipräsent (sorry, ihr wenigen unkonventionellen und umweltbewussten »Inseln«).

(Sich) darstellen und präsentieren

Hi, how are you?

»Hi, how are you?« ist meistens der Eröffnungssatz zwischen zwei Personen irgendwo in den USA. Die Bemerkung, wie oberflächlich so eine Frage doch sei, der Fragende wolle nicht wirklich wissen, wie es einem denn gehe, haben wir von Europäern ununterbrochen gehört – bis es nervte. Nun, ein für alle Mal: Dieser Grundsatz der amerikanischen Kommunikation, genauso wie seine etwas abgewandelten Geschwister wie »What's up?«, »How are you doing?«, »How is it going?« sind nichts Weiteres als etwas ausgedehntere Grußformen. Sonst nichts.

Niemand muss die Frage, die gar keine ist, wirklich beantworten. Niemand erwartet, dass man als Antwort sein Herz ausschütten wird. Die Person an der Kasse oder am Ticketschalter hat nicht die Erwartung, dass man ihr tief in die Augen schaut und erklärt, dass die Erkältung leider stärker geworden ist und man deshalb den Urlaub verschieben musste, der Mann nun unter Depressionen leide und die Oma bereits unterwegs sei, um sich um die Kinder zu kümmern, weshalb man nun sieben Schachteln Oreo Cookies und zwölf Packungen Baby Ruth Candy Bars im Einkaufskorb habe. Und man möchte sich mit der Person, die »How are you?« sagt (nicht wirklich fragt!), weder ins Kino noch zum Abendessen verabreden.

Allerdings kann es trotzdem – je nach Person und Laune – ein Eintrittstor sein für ein paar freundliche Sätze – »chit chat« –, insbesondere wenn man dieselbe Person immer wieder antrifft oder wenn man ein »neutrales« Thema (Temperatur, Wetter, Sport, Verkehr) kommentiert. Es ist einfach und wohltuend, mit Amerikanern einige lockere Sätze auszutauschen. Probiert man in einem Geschäft Kleider an, kann es vorkommen, dass die unbekannte Person, die neben einem steht, ein Kompliment erteilt. Oder jemand reagiert spontan auf ein angenehmes Parfum. Und natürlich ist da der schweizerische Akzent (»What a nice accent, are you German, French, Dutch, South African …?«). In den ersten Zehntelsekunden fragt man sich allerdings schon, ob dies wirklich ein Kompliment sein soll (damn it, auch nach so vielen Jahren habe ich ihn nicht weggekriegt!). Meistens folgt dann die Frage, woher man denn sei. Je nach Geographiekenntnissen und Erfahrungen der Fragenden (meine Großmutter ist aus …, meine Schwester ist verheiratet mit …, mein Sohn war geschäftlich in …) kann dies manchmal sogar zu einem etwas tieferen Gespräch führen.

Es ist auch durchaus möglich, dass das Gegenüber nach einer solchen Begegnung einem seine Visitenkarte in die Hand drückt, weil sie irgendetwas weiß, das einem behilflich sein könnte, oder jemanden kennt, der (ach, so ein Zufall) auch aus Europa ist. Diese lockere, banale Art macht es auch einer eher zurückhaltenden Person einfacher, sich den Leuten anzunähern.

No confrontation, please!

Der Spruch »Sprechen ist Silber, Schweigen ist Gold« stimmt ganz bestimmt nicht in den USA! Die Menschen sprechen sehr gerne, oft und viel. Viele Amerikaner können nicht schweigen, und sie können schlecht zuhören (we apologize to all the shy Americans out there). Sie fallen im Ausland auf durch ihre lauten Stimmen. Und sie können nicht gut mit Stille umgehen. Im Lift, in einem leeren Raum, wartend vor der Tür und nichts zueinander sagen? No way! »I love your earrings, where did you buy them?«, »It's really hot today«, »Are you ready for the weekend?«.

Nur in internationalen Großstädten wie New York (the people there are rude anyway) oder Miami (they are not really Americans) mag so etwas wie Schweigen vorkommen. Generell aber wird Stille als unangenehm empfunden. Doch die Zeiten ändern sich: Smartphones sei Dank! Jetzt können wir alle überall und ständig in unser Handy starren und jeder Verlegenheit locker ausweichen.

Gesellschaftliche Anlässe und Events sind eigentlich nie wirklich peinlich. Seien es Katie oder John, sie strecken einem sehr schnell die Hand hin und stellen sich sogleich vor. Die Amerikaner sind bestimmt Weltmeister in der trivialen Konversation. Auch wenn man ihre Sprache gelernt hat, muss man sich an ihre Ausdrucksweise zuerst gewöhnen, und es kann schon gut sein, dass man anfangs (je nachdem wie lernfähig man ist) ins Fettnäpfchen tritt. Etwas Negatives wird selten direkt gesagt, und sollte es doch mal ansatzweise der Fall sein, beginnt man zuerst mit einem sogenannten »Disclaimer«: »I love her dearly, but ...«, »He is a great guy, but ...«

Überhaupt sind immer alle »beautiful, wonderful, amazing, great« (unbedingt alle Superlative in den Wortschatz einbauen!). Gerne spielt man auch eine Art »Schmeicheleien-Pingpong«. Die eine Person sagt etwas Positives, worauf die andere den Ball verstärkt zurückschlägt. Macht man als ignoranter Europäer eine kritische oder gar negative Äußerung (aah, der Fettnapf ist außerordentlich groß heute!), wird diese meistens mit einem erschrockenen Blick quittiert. Die Reaktion ist: Nichts sagen und prompt das Thema wechseln. Einfach »nein« sagen oder direkt kommunizieren, was man wirklich will und meint, kommt nicht unbedingt gut an. Bitte keine Konfrontation, Leute!

In der Comedy Show »Curb your Enthusiasm« von Larry David möchte seine Frau die Hausangestellte, die eigentlich sehr gute Arbeit leistet, entlassen. Erstaunt fragt ihr Ehemann, warum sie das denn möchte, es mache keinen Sinn. »Weil sie keinen BH trägt«, klärt sie ihn auf (dass dies ein eher unverständlicher Grund für ein »Firing« ist, soll hier nicht das Thema sein). Nein, es ist die Konfrontation mit der Hausangestellten, die die Dame des Hauses um jeden Preis vermeiden will; sie möchte ihr auf keinen Fall erklären, was der Grund der Entlassung ist. Die Angestellte erhält gar nicht erst die Chance, sich einen (neuen, zusätzlichen, bequemeren, farbigeren) BH zu kaufen. Es ist einfacher, dem Störfaktor oder Problem komplett aus dem Weg zu gehen und das Ganze unter den Teppich zu kehren.

Hat man einer Person ein Treffen vorgeschlagen und ist diese nicht wirklich daran interessiert, hat sie zwei Möglichkeiten: Sie erfindet spontan eine Entschuldigung (früh muss man mit dem Üben beginnen, damit die Sätze fließend über die Lippen rollen) oder sie sagt zu (euphorisch natürlich), obwohl sie nicht wirklich die Absicht hat, zu kommen. Spätestens wenn man dann alleine im Coffeeshop sitzt und der Kaffee immer kälter wird, fragt man sich, weshalb sich die Person nicht gemeldet hat. War sie nicht sehr begeistert über diese Verabredung? Wenn man dann nachfragt – man ist ja Anfänger und versteht es nicht –, erhält man eine verrückte Ausrede. Generell gilt: Vieles, was man zu hören bekommt, kann nicht ganz zum Nennwert genommen werden. Eine E-Mail, die nicht beantwortet wird, ist eine klare Aussage. Sich einfach nicht (mehr) melden ist auch eine. Um den heißen Brei herumreden und nichts wirklich sagen, ebenfalls.

»Grenzt dieses Verhalten nicht an Unehrlichkeit?«, fragt man sich als Außerirdischer. Das zu bejahen wäre wohl zu drastisch ausgedrückt. Vielmehr wird einfach die Wahrheit ein bisschen ausgedehnt, so dass einem niemand wirklich etwas Eindeutiges vorwerfen kann und man die andere Person nicht verletzt. Man muss sich deshalb in Flexibilität und Lockerheit üben und sich einen wichtigen Ausdruck einprägen: »White Lie« – auch wenn die deutsche Übersetzung »Notlüge« die Essenz dieser Umgangsform nicht wirklich widerspiegelt, nämlich dass die andere Person sich auf keinen Fall schlecht fühlen darf!

Ein enger Verwandter dieses Wortes ist auch das wichtige Verb »bullshitting« (lernt man das im Englischunterricht?). Tatsächlich existieren Studien, die ein Bullshit Score für Länder ermitteln. Dieses Score analysiert die Tendenz, sich zu überschätzen und Dinge so darzustellen, als wüsste man Bescheid. Die USA gelangen zwar nur auf Platz zwei, sind aber dem siegenden Nachbarland Kanada dicht auf den Fersen.

Mit diesen zwei Begriffen im Wortschatz kann man die Art dieser verwinkelten Kommunikation besser einordnen und sich an der Form dieses luftigen Theaters durchaus amüsieren.

Talking and speaking

Angst zu sprechen haben die Amerikaner nicht – weder im Plenum noch vor einem Publikum. Selbstdarstellung ist normal, Jobtitel und Jobbeschreibungen sind immer beeindruckend, genauso wie auch die Bewerbungsunterlagen. Und wenn dann die entsprechende Person vor einem steht und zu sprechen beginnt, reißt man die Augen auf (der Mund wäre zu unanständig) und staunt. Wie ist es möglich, dass jemand, der so jung ist, bereits *all* das sein kann und erreicht hat? Wie selbstbewusst sind doch Auftreten, Redens- und Ausdrucksweise!

Als non-native Speaker und/oder Neuankömmling ist man von diesen Fähigkeiten beeindruckt; zu frappant ist der kulturelle Unterschied in dieser Sparte. Es braucht ein wenig Zeit, bis man den Code irgendwann entschlüsseln kann. Bis man einerseits die Erklärung findet, weshalb es vielleicht niemanden stört, vor Leuten zu sprechen, und andererseits warum man sich das unentbehrliche, zuvor genannte Verb (es beginnt mit b …) immer vor Augen halten sollte.

Nun, bereits im frühesten Schulalter wird das sogenannte »sharing« oder »show and tell« intensiv gefördert. Die Kinder werden regelmäßig ermuntert, vor der Klasse eine Geschichte zu erzählen, ihre Erlebnisse vor der Klasse vorzutragen, ihr Lieblingstier zu beschreiben (»... und kannst du auch zeigen, wie dieses Tier hüpft, welche Geräusche es macht, wie es frisst?«). Die Kleinen werden aufgefordert, ihre Mitschüler anzuspornen und nach jeder Performance zu klatschen. Anschließend loben sie einander vorurteilslos, wie gut sie es gemacht haben. Solche und ähnliche Spiele werden in den ersten Schuljahren so stark gefördert, dass es im späteren Leben normal wird, locker irgendwelche Vorträge zu halten. Der Grundstein ist damit gelegt, dass man auch im Erwachsenenalter wenig Hemmungen hat, sich im Plenum zu äußern und selbstbewusst vor Leuten aufzutreten. So entsteht eine locker wirkende Selbstverständlichkeit.

Viele Sprachfloskeln, die anfänglich beindruckend klingen mögen, sind einfach eingeschliffen. Sehr häufig werden bestimmte Sätze und Ausdrücke, die reif und gekonnt wirken, ins Gespräch eingeflochten. Ebenso lernt man, grundsätzlich immer etwas Positives zu sagen oder mit einem lobenden Satz eine Diskussion, ein Gespräch zu eröffnen. Und wenn man nicht viel zu sagen hat oder nicht ganz sicher ist, schmückt man die Sätze gekonnt mit unzähligen Füllwörtern aus, damit es der Zuhörer nicht merkt. Erst bei einer genaueren Inhaltsanalyse würde man realisieren, dass die Person nicht viel oder nichts Substanzielles gesagt hat: »You know, ...; I mean, ...; Basically, ...; Actually, ...« Gleichzeitig bedient man sich einer aufgeblähten Sprache und benützt Ausdrücke, die alles etwas in die Länge ziehen. Es tönt nach Tiefe und Eloquenz: »Despite the fact that ...; She has the capability of ...; He lacked the ability of ...; We are honoring the process of ...; kind of big ...; sort of smart ...; as a matter of fact ...«

Auch ganze Sätze können aufgeblasen sein: »It would certainly seem that at this point in time, it would be a good idea to take a hard look at the issues at hand with an eye towards focusing on the most important aspects ...« – »Es scheint auf jeden Fall, dass es zum gegenwärtigen Zeitpunkt eine gute Idee wäre, die vorliegenden Themen genauestens zu betrachten, mit einem spezifischen Fokus auf die wichtigsten Aspekte ...« (Wie bitte???)

Und weiß man etwas nicht, sagt man keinesfalls direkt: »I don't know«, sondern: »I'm not sure« oder »Well, I want to say ...« (warum sagst du es dann nicht?). Damit lässt man die Möglichkeit des (Nicht-)Wissens elegant offen.

Um Sympathie zu erwecken, gibt es auch die Alternative, nach einem Schwall von Sätzen gekonnt ein wenig Bescheidenheit beizumischen: »I don't know if this makes any sense«, oder aber auch generell so zu sprechen, als stünde hinter jedem Satz ein Fragezeichen. Jemand der kein »native speaker« ist, kann sich sehr leicht von dieser Redensweise einlullen lassen.

Gleichzeitig haben viele Amerikaner die Fähigkeit, ansatzweise lustige Begebenheiten so übertrieben darzustellen, als wäre etwas Katastrophales geschehen. Man hat kein Problem, über sich selbst zu lachen, und bedient sich dabei gerne Klischees: Die gestresste Frau, die ihren Alltag nicht hinkriegt, weil sie sieben Sachen gleichzeitig erledigt; das Kleid reißt, das Handy fällt ins Klo, und der Kuchen brennt im Ofen an; der Mann, der generell falsch reagiert (der liebevolle »Trottel« ist die meistgespielte Rolle des amerikanischen Mannes); die lieben Kinder, die streiten, den Orangensaft ausleeren und zu spät für die Schule sind; und natürlich der Hund, der zur selben Zeit auch noch mit Durchfall kämpft und die teure Kristallvase umwirft. Vor allem Frauen haben die Fähigkeit, locker und in einer theatralischen Weise über die eigenen Missgeschicke zu erzählen: »Oh, my god, you wouldn't believe this ...« – und schon geht's überschwänglich und ausgelassen los.

Do you speak English?

Zweifellos können sich die Amerikaner in ihrer Muttersprache gegenüber Leuten, die Englisch als Fremdprache lernen mussten, profilieren. Das Glück ist auf ihrer Seite, da Englisch heute die Lingua franca und in vielen Firmen zur Corporate Language geworden ist.

Selten aber trifft man Amerikaner, die irgendeine Fremdsprache sprechen. Obwohl in vielen Schulen angeboten und meistens auch (zumindest theoretisch) für einen guten Abschluss verlangt, wird kaum je Wert auf fundierte Fremdsprachenkenntnisse gelegt. Sprachfächer bleiben somit weitestgehend eine Farce. Laut verschiedenen Studien sind es gegenwärtig weniger als 1% der amerikanischen Schüler, die sich in der Schule solide Grundkenntnisse einer Fremdsprache angeeignet haben. Da dies bei einer Anstellung kaum verlangt wird, strengt sich auch dementsprechend niemand an (der frühere demokratische Präsidentschaftskandidat Pete Buttigieg ist eine extreme Ausnahme – dass er sieben Sprachen spricht, interessierte nur die Wenigsten und beinflusste seine Kandidatur nicht im Geringsten).

Die Sprachlehrer sind häufig schlecht ausgebildet, und bei Sparprogrammen werden Fremdsprachen immer als erste eliminiert – oder mit den sarkastischen Worten eines Professors für Spanische Literatur: »Nowadays they just hire a Spanish speaking taxi driver, he is cheaper than a Professor.« Und doch, auch wenn es einer Lotterie gleicht, in gewissen High Schools ist es möglich, eine fähige Lehrerin zu finden, die den Schülern etwas beibringt. Es braucht jedoch viel persönliches Interesse und einiges an Zusatzaufwand zu Hause, um aus dem Fach etwas Brauchbares herauszuholen.

Studenten, die sich trotzdem entscheiden, eine Fremdsprache zu studieren, sind oftmals »out of the box«-denkende junge Menschen. Ihre Wahl mag sogar etwas Rebellisches beinhalten, so als wollten sie sich aus der breiten Masse herausheben. Sie sind sich bewusst, dass sie mit ihrem Abschluss (eines der sogenannten »pre-unemployment degrees«) nie viel Geld verdienen oder bereits zufrieden sein müssen, wenn sie überhaupt irgendeine Stelle finden. Und so kann es durchaus mal vorkommen, dass man in Coffeeshops, Bookshops oder Restaurants Angestellten begegnet, die ein recht gutes Deutsch oder Französisch sprechen.

Dadurch, dass sie das Erlernen von Fremdsprachen an andere Länder abtreten, fehlt den meisten Amerikanern auch eine gewisse Sensibilität, mit Leuten zu sprechen, die nicht englischer Muttersprache sind. Die Fantasie fehlt, das vom Gegenüber nicht Verstandene mit anderen Worten zu umschreiben oder wenigstens das Redetempo zu reduzieren. Das Ohr ist für all die Nuancen der verschiedenen Akzente oder der leicht unkorrekten Aussprache eines Wortes nicht geschult. Oftmals werden bereits kleine Abweichungen nicht verstanden. Gleichzeitig tun sich Amerikaner extrem schwer damit, in irgendeiner Fremdsprache auch nur das Minimalste korrekt auszusprechen, seien es fremdsprachige Namen (Notre Dame ist nun mal nicht Notör Deeejm!) oder die paar wenigen Sätze, die sie sich für ihren Urlaub zurechtgelegt haben.

Meistens jedoch bemühen sie sich, auch außerhalb den USA nicht anders zu sprechen als innerhalb. Dass ihre Gesprächspartner im Gastland eine gelernte Sprache mit ihnen sprechen (und sich ihnen anpassen), gilt ihnen als selbstverständlich. Dementsprechend skrupellos benützen sie auch von ihrer Kultur geprägte informelle Ausdrücke: »Divvy up, hoovering, veg out, nuke it, …« – »Aufteilen, staubsaugen, rumhängen, etwas vernichten, …«. Verständlich, wenn das Gegenüber – trotz intensiver englischer Sprachausbildung – leicht perplex ist und zuerst die Schuld bei sich selber sucht.

Erstaunlicherweise haben auch viele Familien mit einem internationalen Background kaum eine Motivation, mit ihren Kindern in ihrer Muttersprache zu sprechen. Der Aufwand scheint zu groß dafür, da es in ihren Augen für die Zweisprachigkeit keinen Anreiz gibt und die Kinder im Berufsleben dadurch keine Vorteile haben. Obwohl es unzählige akademische Forschungspublikationen über die Vorteile von Zweisprachigkeit gibt (und noch dazu im eigenen Land erforscht), werden diese in der breiten Bevölkerung kaum zur Kenntnis genommen.

Be happy

Happy Monday, Happy Friday, Happy friends' day, Happy Anniversary ... The pursuit of happiness, also das Streben nach Glück wird bereits 1776 in der amerikanischen Unabhängigkeitserklärung als eines der grundlegenden Menschenrechte deklariert.

Müsste ich aufzählen, welche gefühlsmäßig die zehn wichtigsten und meistbenutzten Adjektive der amerikanischen Sprache sind, wäre »happy« bestimmt darunter. Das Wort »content« jedoch, also zufrieden, wird nicht allzu oft gebraucht. Die Amerikanerinnen und Amerikaner möchten glücklich sein! Und das um jeden Preis, überall und ständig. Man könnte fast von einer Glückshysterie sprechen, die einem von außen vorgegaukelt wird. Die Angst, sich nicht glücklich zu fühlen, kreiert bei vielen Menschen diverse Probleme; das wohl weitverbreitetste ist die »Anxiety«.

Im Leben ist aber nicht nur alles wunderschön positiv, es gibt auch negative Gefühle, traurige Momente und Schicksalsschläge. Wie geht man in einem Land, in dem auf jedem Reklamebild vom Baby bis zum Greis alle fröhlich lachen (wobei der Greis mehr Zähne hat als das Baby), mit solchen Gefühlen um? Gar nicht! Man geht zum Arzt und lässt sich die Happy Pills, also Antidepressiva, verschreiben. Von diversen Müttern habe ich gehört, wie schwierig es ist, alle Aufgaben des Alltags zu bewältigen, und wie sie morgens, wenn Kinder und Mann aus dem Haus sind, eine starke Traurigkeit überfällt. »I feel depressed« lautet ihre Selbstdiagnose. Zu erklären, dass es anderen Frauen – egal ob mit Familie, Kindern, Beruf, oder auch single und unabhängig – auch manchmal so ergeht, funktioniert bestimmt nicht. Sofort finden sie nämlich die eine oder andere Nachbarin oder Bekannte, auf die sie mit dem Finger zeigen können. Die ist schließlich immer gutgelaunt, attraktiv und fröhlich (eben happy), und managt offenbar alles problemlos. Dazu ist sie auch noch schlanker, und ihre Familie präsentiert sich wie aus dem Bilderbuch.

Der Vorzeigefamilien gibt es viele! Was sich aber hinter verschlossenen Türen abspielt, kann niemand sehen, und es wird alles getan, um es nicht nach außen zu tragen. Automatisch nimmt man an, dass jene strahlenden Menschen einfach immer glücklich sind. Die Akzeptanz von negativen Gefühlen, von Frustration, von Ärger, von Traurigkeit existiert kaum. Oft ist nicht einmal die Bereitschaft vorhanden, anzuerkennen, dass es solche Emotionen gibt. Wenn ich meine Klientinnen frage, ob sie ihre Gefühle benennen können, haben sie bereits damit Mühe. Die Antwort, die ich meistens zu hören bekomme, ist etwa: »I'm depressed and I don't want to be.« Die sanfte Aufforderung: »Can you sit with your feelings for a moment?« braucht eine lange Erklärungs- und Übungszeit.

Die amerikanische Gesellschaft ist auf dem Prinzip aufgebaut, dass man immer positiv sein muss, dass man sich grundsätzlich nur mit positiven Gedanken befasst und dass man an allem Spaß haben muss (having fun). Untermalt wird diese Idee mit strahlenden, schönen, jungen Menschen in der Werbung. Aber auch das ständige Glücklichsein alter Leute wird suggeriert. Auch sie haben stets strahlend weiße Zähne, lächeln verliebt den Partner/die Partnerin an, sind gut gelaunt, attraktiv und voll des Lebens.

Was, wenn man spürt, dass es dem Gegenüber schlecht geht? Auch Menschen, die man sehr gut kennt, verstellen sich lieber, als sich zu offenbaren. Es braucht extrem viel Vertrauen, um die wahren Gedanken und wirklichen Gefühle der anderen Person zu erfahren. Sehr oft bevorzugen die Leute deshalb eine neutrale, professionelle Person wie die Ärztin, Psychologin oder den Life Coach, mit denen sie über ihr Wohlbefinden sprechen und ihre Gedanken mitteilen können.

Eine Weihnachtstradition vieler Familien ist das Schreiben des »Christmas Letters« an Verwandte, Freunde und Bekannte. Mit den Weihnachts- und Neujahrsgrüßen lässt man das zu Ende gehende Jahr Revue passieren. Der Empfänger wird darin nur höchst positive, erfreuliche Dinge zu lesen bekommen. Alles was negativ ausgelegt werden könnte, wird elegant ausgelassen. Banale Ereignisse werden hingegen oftmals zu etwas Komödial-Triumphalem hinaufstilisiert. Die Familienbilder sind häufig retouchiert oder von Anfang an vom Profi-Fotografen gemacht. Als Betrachter der Fotos fragt man sich, wer denn diese Personen sind, die man ja in Wirklichkeit kennt und die im eigentlichen Leben so ganz anders aussehen.

Interessant (oder eher traurig) ist es, wenn man als Brief-Empfänger weiß, was sich wirklich hinter den Kulissen abspielt, wie die Leute leben und mit welchen Problemen und »Issues« sie kämpfen. Wie soll man sich nun bei ihnen für den Brief bedanken? Mit Sätzen, die sie hören wollen? »Oh my god, ihr seht alle so fantastisch aus! Die Kinder sind wirkliche Stars! Eure Familie ist einfach grandios! Und, und, und …« Oder soll man schweigen? Die schweizerische Neutralität ist hier gefragt, doch sie kann eine Herausforderung sein.

Ernährung und Gesundheit

Übergewichtig und fettleibig

Dass viele Amerikaner Probleme mit ihrem Gewicht haben, sieht jeder, der dieses Land besucht – bereits am Flughafen nach der Landung. Die Statistik ist brutal: 70 % der Bevölkerung sind übergewichtig. Noch schockierender ist, dass 40 % der Bevölkerung fettleibig sind: Ihr Body Mass Index (BMI) ist höher als 30. Damit stehen die USA weltweit an vorderster Front (America first!). Vor allem in ländlichen Gebieten, im Süden des Landes, sowie bei der ärmeren Bevölkerung ist die »Obesity« (Fettleibigkeit) extrem ausgeprägt.

    Es wäre natürlich naheliegend, mit dem Finger auf Fastfood-Ketten jeglicher Schattierung zu zeigen. Das ist jedoch zu simpel. Es sind vielmehr diverse Komponenten des »American Lifestyle«, die ineinander greifen. Eine unglückselige Kombination von Bequemlichkeit, Ignoranz, und Naivität bilden den perfekten Nährboden für eine Marketing-Maschinerie, die den Menschen nicht nur eine falsche Ernährung, sondern auch den Teufel schmackhaft zu machen vermag. Da der durchschnittliche Amerikaner stundenlang vor dem Fernseher sitzt und die Sendungen alle paar Minuten von Werbung unterbrochen werden, bekommt er irgendwann, nach der x-ten Einspielung, Lust auf die tiefgefrorenen Chickenwings, die er einfach in die Mikrowelle schieben und mit der süßlich-scharfen Sauce (eine klebrige, farbige Brühe aus dem Chemielabor) übergießen kann.

Was gefrorene Fertigmenüs anbelangt, sind der Fantasie und den Inhaltsstoffen (es wimmelt von Zucker, billigem Transfett, unzähligen Konservierungs- und Farbstoffen) keine Grenzen gesetzt. Diese Fertigprodukte gibt es in jedem Lebensmittelladen (Lebensmittel?!), in der »Frozen Food Section«, zu einem relativ niedrigen Preis. Sie werden vor allem von Menschen gekauft, die keine Zeit zum Kochen oder keinen Zugang zu Frischprodukten haben. Sehr oft trifft dies auf Leute in ärmeren Gegenden zu, wo weder Großverteiler noch Läden mit frischem Obst und Gemüse existieren. Tankstellen sind manchmal der einzige Ort, wo sie überhaupt etwas (Abgepacktes) einkaufen können. Diese Menschen können sich deshalb wohl überessen, doch gleichzeitig bleiben sie unterernährt und fettleibig.

Es ist aber nicht nur das Essen alleine, das zur Obesität führen kann. Weitere Faktoren spielen ebenfalls mit. Einer davon ist bestimmt der immense und oftmals unreflektierte Konsum von Soft Drinks (Süßgetränken) mit einem extrem hohen Zuckergehalt: Coca Cola (lockere 10 Teelöffel in einer Dose) mit seinen über 990 (!) »sweet friends«, die in ihrer Süße dem großen Vorbild in nichts nachstehen. Starbucks ist bekannt für die Kreation seiner Frappucinos, die pro Drink etwa 20 Teelöffel Zucker beinhalten. Na ja, nebenbei so ein Getränk zu trinken kann schon irgendwann Spuren beim Taillenumfang hinterlassen (im Gegenzug dazu wird Wein trinken immer als große Gefahr hingestellt; würde man den warnenden Stimmen glauben, müsste halb Europa eigentlich bald wegsterben oder bereits tot sein). Das Trinken von Wasser begann sich zwar in den letzten Jahren endlich durchzusetzen, doch nach wie vor ist es ein nur kleiner Prozentsatz, der die Süßgetränke ganz verbannt hat. Sie werden (wie auch die Chips) bei Sandwich- und Fastfoodketten meistens im »Combo« angeboten und sind dann mehr oder weniger gratis (gutes, liebes Marketing).

Ein zusätzlicher Faktor ist die amerikanische Angewohnheit des konstanten »Snacking«. Die Leute essen und trinken ständig und überall (wie traurig wäre doch ein Kinobesuch ohne Popcorn und Softdrink). Die Liste ihrer Lieblingssnacks ist ellenlang, und es ist erstaunlich, wie auch erwachsene Personen sich leidenschaftlich über ihre Favoriten austauschen können: verschiedenste Chips, Popcorn, Trail Mix (aber bitte mit M & Ms drin), Cookies (aber bitte die mit dem hellrosa Zuckerguss drauf), und wie sie alle heißen.

Auch die Idee, dass man wartet, bis man sich hinsetzen kann, sei es am Tisch oder an einem ruhigen Ort, scheint unwichtig zu sein. Zu Hause wird oftmals vor dem Fernseher gegessen, oder irgendwie so nebenbei. Während man seine Mails beantwortet und seine FB-Likes zählt, stopft man sich mechanisch und unachtsam irgendetwas in den Mund.

Im Büro vor dem Bildschirm zu essen gehört ebenfalls zur Normalität. Auch das Konzept des »Brown Bag Lunch« wurde in diesem Land erfunden: Während einer Präsentation oder eines Meetings essen die Zuhörer ihr mitgebrachtes Essen und schmatzen fröhlich vor sich hin (wie lustig, wenn alle gemeinsam die Chips-Tüte aufreißen!).

Die (Nicht-)Bewegung gießt zusätzlich Öl in die Fettleibigkeit des Landes. Das Auto als Transportmittel ist eine notwendige Selbstverständlichkeit. Sowohl in ländlichen als auch »Suburban«-Gebieten ist es schwierig bis absolut unmöglich, sich zu Fuß zu bewegen, denn die Infrastruktur ist dazu weder geeignet noch vorhanden. Im Auto »lebt« man: Man fährt zum »Drive Through«-Schalter von Bank, Apotheke, Starbucks, und Fast Food Kette. Aus dem Auto muss niemand aussteigen, durchs Autofenster werden alle Wünsche erfüllt, während man bequem sitzen bleibt (auf dem immer größer werdenden Po). Selbst wenn man wirklich »Sport« treiben möchte, fährt man mit dem Auto zuerst in einen Park oder ins Fitnessstudio (erstrebenswert ist natürlich ein Parkplatz, der möglichst nahe beim Eingang ist).

Food und Fabrik

Bereits Anfang des letzten Jahrhunderts wurde das »Wonder Bread« erfunden. Ein weißes Brot, dem sämtliche Nährstoffe entzogen wurden, in gleichgroße Scheiben geschnitten, fast unendlich haltbar, im Plastikbeutel verkauft – eine gewaltige »Erfindung« (gleichzeitig konnte man damit der Bevölkerung elegant auch einen Toaster andrehen). Heute noch hört man den gängigen Ausdruck: »Best thing since sliced bread«.

Dieses Wunder förderte die Idee, ähnliche abgepackte und verarbeitete Produkte mit einer unendlich langen Lagerfähigkeit in der Fabrik herzustellen. Heute ist bekannt (doch interessiert nicht viele), dass schädliche Transfette dazu verwendet wurden. Ebenfalls bekannt ist (interessiert ebenfalls nicht viele), wie Zucker praktisch allem beigemischt wurde und wird. Lange muss man suchen, bis man in regulären Läden ein Brot ohne Zucker findet – in einer einzigen Scheibe können bis zu 5 Gramm stecken!

Die Nachfrage nach süßen und industriell fabrizierten Produkten stieg kontinuierlich, und Chemiker wurden beigezogen, um sich interessante Nahrungsmittel im Labor auszutüfteln. Sie mischten die richtige Dosis von Zucker (hello High Fructose Corn Syrup!), Fett und Salz zusammen, damit der Blutzucker im Körper aufjauchzt und man nach dem ersten Bissen alles essen möchte, was vor einem liegt. Heerscharen von Amerikanern haben sich vom eigentlichen »Essen«, also von Frischprodukten, entfernt und ernähren sich und die ganze Familie mit industriellen Fertigprodukten aus Packungen (der Käse aus der Fabrik schmeckt ganz gut, und der geschmolzene Käse aus der Tube noch besser).

Gemüse und Früchte wurden irgendwann komplett vom Speisezettel gestrichen. Die Beziehung zur Natur beziehungsweise die Fähigkeit zu unterscheiden, was wirklich aus der Natur kommt und was industriell hergestellt wird, wurden sukzessiv eliminiert. Eine Bekannte erzählte einmal, dass noch ihre Großeltern auf ihrem Grundstück einen großen Gemüsegarten hatten, samt Hühnern, die sich im Freien bewegen konnten. Sogar ein großer Teich mit Forellen gehörte dazu. Sie seien praktisch Selbstversorger gewesen und hätten sich alle sehr naturverbunden und gesund ernährt. »So, what happened?«, fragte ich sie. »Walmart happened«, war ihre prägnante Antwort.

Irgendwann hat sich die US-Bevölkerung nicht nur vom »real food«, sondern auch vom saisonalen und/oder einheimischen, regionalen Angebot komplett verabschiedet. Eine andere Bekannte, die eigentlich großen Wert auf einen gesunden Lifestyle legt, lebte ein paar Jahre in Frankreich. Was sie ernährungsmäßig dort vermisst habe, fragte ich sie: »*We missed being able to buy any fruit or any vegetable from anywhere in the world at any time of the year.*« Hmm, liebe Franzosen, da macht ihr wohl etwas falsch ...

Fleisch sowie vor allem Hühnerfleisch werden sehr günstig angeboten, und es sind nur wenige, die sich die Frage stellen, woher die Tiere kommen und wie sie gehalten werden. Die meisten Amerikaner lieben einfach ihr »Chicken« über alles; nirgendwo sonst wird zu jeder Tages- und Nachtzeit irgendeine Menü-Variante mit Chicken kombiniert gegessen.

Die Landwirtschaft hat bereits vor mehr als hundert Jahren einen eigenartigen Weg eingeschlagen. Mehr als 90 % aller inländischen Frischprodukte kommen aus dem Paradiesgarten Kaliforniens und werden quer übers Land und in alle Richtungen transportiert. Weil das nicht reicht, werden zusätzlich riesige Mengen an Obst und Gemüse importiert: Birnen aus Argentinien, Broccoli aus China, Tomaten aus Mexiko – alles ist natürlich gartenfrisch, wenn es schlussendlich vor einem auf dem Teller liegt. Eine Beziehung zu saisonalen und lokalen Frischprodukten wird somit gar nie gebildet (... any time of the year). Die Leute können wirklich nicht feststellen, was eigentlich in ihrer Region wachsen würde und was saisonal wirklich bedeutet.

Organic-(Bio-)Lebensmittel sind relativ teuer, und Leute mit einem schmaleren Geldbeutel können sich diese nicht leisten. Auch sehen viele nach wie vor nur den preislichen Vorteil und können nicht verstehen, weshalb man für Bio-Produkte mehr bezahlen sollte. »Why should I buy organic apples? They are all coming from a tree«, hörte ich mal eine Frau sagen, als sie vor dem Regal mit roten, unnatürlich glänzenden Äpfeln stand. Beim konventionellen Anbau werden teilweise Pestizide eingesetzt, die in der EU seit langem verboten sind, doch das wollen nur gesundheitsbewusste Konsumenten wissen. Diese existieren auch in diesem großen Land, vor allem im Nordosten und an der Westküste. (Yes, California! So viele innovative, gesunde, fortschrittliche Ernährungsideen werden bei Euch kreiert.)

Steht man in einem Supermarkt vor den prallvollen Regalen, fallen einem unter anderem die großen Gallonen (knappe vier Liter) mit Milch auf. Besuchen Kinder eine amerikanische Schule, wird einem schnell klar, dass Milch ein Heiligtum ist. Zu jedem School Lunch gehört ein kleiner Karton Milch dazu (passt ja auch ausgezeichnet zu Pizza, Chicken oder Hamburger). Milch zum Frühstück, Mittag- und Abendessen sowie zu den Nachmittags-Cookies ist ein Must in der Ernährung. Sie wird von den meisten Amerikanern als »das« für die Gesundheit entscheidende Lebenselixier betrachtet. Nicht selten sieht man erwachsene Leute, die ein großes Glas Milch zu ihrem deftigen Fleischmenü trinken. Dass sich diese weiße Flüssigkeit solcher Beliebtheit und Bedeutung erfreut, ist – wen wundert's – der kräftigen Werbetrommel der Milchindustrie zuzuschreiben. Die obsessive Liebesaffäre mit der Milch begann bereits im Zweiten Weltkrieg, unterstützt durch die Regierung, die mit viel Werbung ein Bedürfnis kreierte und gleichzeitig ein Milchprogramm für Schulen startete. Inzwischen sind viele Leute laktoseintolerant, und der Konsum ist vor allem bei gesundheitsbewussten Leuten zurückgegangen.

Neue Bewegungen

In vielen Städten haben in den letzten Jahren mehr und mehr kleine landwirtschaftliche Betriebe damit begonnen, ein bescheidenes Gegengewicht zum Status quo zu bilden. Meistens sind es junge Leute, die einer anderen, integrierten Lebensphilosophie nachleben, die grundsätzlich kritisch und vernetzt denken können oder wollen, und bereit sind, sich auch tiefere Gedanken über Lifestyle und Gesundheit zu machen. Mit viel Idealismus glauben sie an eine gesündere Ernährung und verkaufen ihre Erzeugnisse auf »Farmers Markets«. Es ist ein eher hartes Leben, da nur ein kleiner Bruchteil der Bevölkerung darin einen Sinn erkennt. Schließlich kann man ja alles auch in den großen Supermärkten und dazu viel günstiger kaufen.

Generell ist die Tendenz zu gesunder und bewusster Ernährung seit einigen Jahren im Anstieg, genauso wie die vegetarische und vegane Küche. Der Aufwärtstrend ist bemerkenswert, und in größeren Städten ist es problemlos möglich, sich fleisch-/tierlos zu ernähren. Auch gesündere und ethisch eher vertretbare Fleisch- und Tierprodukte verbreiten sich je länger, je mehr (selbst Walmart mischt inzwischen im Biobereich mit).

Und es wären natürlich nicht die USA, könnte man nicht sämtliche Varianten von ausgefallenem und »super-gesundem« Essen aus allen möglichen Kulturen genießen, sei es im Restaurant, im Spezialshop, einem Food Truck oder auf dem Teller zu Hause. In größeren Städten ist die Auswahl an authentischer, internationaler Küche beeindruckend, und auch der Gesundheitsriese »Whole Foods« ist dort omnipräsent.

In den letzten Jahren kamen Stimmen auf, wonach GMO-Produkte (genetically modified organism) schädlich sein könnten. Je lauter diese sich äußerten, umso mehr unterstützten die Big Food Companies die Gegenkampagne mit Milliarden. Die Organisation »Just Label It« forderte einen Deklarationszwang bezüglich Produkten mit GMO-Zutaten, um für die Konsumenten Klarheit zu schaffen. Der Weg dahin war steinig, und unter Präsident Obama hat sich der Kongress schließlich auf einen etwas eigenartigen Kompromiss geeinigt. Alle als »organic« bezeichneten Produkte dürfen keine GMO-Ingredienzien haben. Nicht-organic Produkte müssen auf ihren Packungen einen QR-Code aufführen, welcher die genaue Zusammensetzung enthüllt.

Obwohl sich der normale Bürger auf der Straße ein klares »Just Label It« gewünscht hätte (80–90 % Zustimmung), hat die Food-Lobby jahrelang intensiv gegen eine klare Offenlegung gekämpft, um ihre eigenen wirtschaftlichen Interessen zu schützen.

Paradoxerweise sind – wie so oft – alle relevanten Informationen und Studien zu Ernährung, Lifestyle und Gesundheit vorhanden und leicht zugänglich, und einmal mehr werden sie meistens sogar im eigenen Land erforscht und publiziert. Trotzdem scheint die Botschaft bei der breiten Bevölkerung (noch) nicht angekommen zu sein. Leider!

Healthcare

Das amerikanische Krankenversicherungssystem ist das Resultat von Zufällen und unbeabsichtigten Konsequenzen. Sein Ursprung liegt in der Zeit des Zweiten Weltkrieges. Viele Männer dienten in der Armee und fehlten auf dem Arbeitsmarkt, doch gleichzeitig lief die Güterproduktion auf Hochtouren (danke, liebe Frauen!). Die Nachfrage nach Arbeitskräften stieg immer stärker an, und damit auch die Löhne. Um diesen Lohndruck zu dämpfen, erließ Präsident Roosevelt 1942 eine Executive Order: Löhne, Gehälter, Boni, Geschenke oder Kommissionen wurden ab sofort eingefroren.

Allerdings wäre es kein amerikanisches Gesetz, wenn sich nicht irgendwelche »Loopholes« eingeschlichen hätten. Diesmal war es eine Lücke mit weitreichenden Konsequenzen: Ausgenommen von der Lohndeckelung waren »Versicherungs- und Pensionsleistungen«, und zusätzlich wurden sie auch noch komplett steuerbefreit. Kein Wunder dauerte es nicht lange, bis die Unternehmen realisierten, dass es damit einen Weg gab, die Deckelung der Löhne elegant zu umgehen: Sie bezahlten einfach die Krankenkassenprämien der Arbeitnehmer.

Damit nahm eine gutgemeinte, aber im Endeffekt unglückliche Entwicklung ihren Anfang, die bis heute massive Auswirkungen hat. Dabei handeln Unternehmen, also Arbeitgeber, mit Versicherungen Pauschalverträge über die gewünschten Krankenkassen-Leistungen aus (eine Art Gruppenversicherung). Die daraus resultierende Versicherungsprämie wird dann größtenteils vom Arbeitgeber übernommen und lediglich etwa 15–25 % müssen vom Arbeitnehmer bezahlt werden. Auch Ehegatten und Kinder können in die Versicherung aufgenommen werden. Das alles geht so lange gut, als man eine Vollzeit-Arbeitsstelle hat und der Arbeitgeber gute Versicherungsverträge ausgehandelt hat.

Ungerecht ist das System zu den Menschen im Tieflohnsektor. Sie sind oftmals in mehreren Teilzeitjobs angestellt, können aber nirgends von den »Benefits« (Sozialleistungen) profitieren. Oft wird der knallhart kalkulierende Arbeitgeber bewusst nur eine Stelle mit 29 Stunden anbieten – genau eine Stunde weniger als nötig, um in die Krankenversicherung aufgenommen zu werden. Diese Leute bleiben meistens unversichert, da sie die hohen Prämien für eine individuelle Krankenkasse nicht bezahlen können. Aus demselben Grund spielen die Selbständigen oftmals auf Risiko.

Mit den explodierenden Kosten im Gesundheitswesen zeigte (und zeigt) sich die Problematik immer deutlicher. Auf der einen Seite nahmen die Krankenversicherunsgprämien laufend zu, andererseits begannen die Unternehmen, die mit den Versicherungen ausgehandelten Leistungen abzubauen. Plötzlich waren bestimmte Leistungen nicht mehr gedeckt, oder es wurden Vorbehalte eingeführt (sogenannte »pre-existing conditions«).

Auch existieren für medizinische Behandlungen keine Fallpauschalen. Ärzte und Spitäler sind frei, die Tarife mit den Krankenversicherungen auszuhandeln. Das bedeutet, dass man als Patient für jede medizinische Behandlung eine Abrechnung der Versicherung erhält, bei welcher es zwei Beträge gibt: den irrelevanten »offiziellen« Rechnungsbetrag (gewissermaßen brutto), sowie den von der Versicherung bestimmten Preis, den man als Patient verrechnet bekommt.

Ein persönliches Beispiel illustriert die Dimensionen. Vor ein paar Jahren wurde uns für eine ambulante Leistenbruchoperation (vier Stunden Spitalaufenthalt, dann wurde man entlassen) folgende Rechnung des Spitals präsentiert: Offizieller Rechnungsbetrag 32 000 Dollar, effektiv erlaubt und verrechnet 3000. Von diesen 3000 wurden dann von unserer Krankenversicherung 80 % übernommen.

Wenn nun ein Nachbar (der einer anderen Versicherung angehört) dieselbe Operation zur selben Zeit im selben Spital durchführen ließe, würde bei ihm auf der Rechnung zwar derselbe offizielle Betrag (32 000 Dollar), aber ein anderer effektiv verrechneter Betrag stehen (je nachdem mehr oder weniger als die 3000 Dollar). Tragisch wird es nun, wenn jemand keine Versicherung hat (z. B. infolge des Verlusts des Arbeitsplatzes). Dann wird er mit einer exorbitanten Rechnung in der Höhe des offiziellen Betrages von 32 000 Dollar bestraft.

Das amerikanische Gesundheitssystem ist mit Abstand das teuerste aller westlichen Länder. Die Gründe dafür sind vielfältig: hochpreisige Spitzenmedizin, der Hang zu kostspieligen, unnötigen Abklärungen und Tests, eine breite Bevölkerungsschicht, die von modernen Zivilisationskrankheiten gezeichnet ist, eine praktisch widerspruchslose Akzeptanz von Medikamenten in beliebiger Zahl und Mischung, und hohe Haftpflichtversicherungsprämien für Ärzte und Spitäler infolge eines Rechtssystems, das überdimensionierte Verantwortlichkeitsklagen erlaubt.

Das Krankenversicherungssystem präsentiert sich dem Durchschnittsbürger als undurchdringlicher Dschungel: Abrechnungsfehler, ad hoc gefällte Entscheide, nicht richtig behandelte Reklamationen und eine diffuse, willkürliche Administration. Zusammen mit einem von zahlreichen Gesetzen erzwungenen Formularkrieg kreiert es für viele Leute einen bürokratischen und persönlichen Albtraum.

Obamacare, die nach dem früheren Präsidenten benannte Revision des Health-Care-Bereiches, vermochte einige zentrale Aspekte zu ändern. Eine Versicherungspflicht etwa, die immerhin die Zahl der Amerikaner ohne Krankenversicherung von 20 % auf 10 % reduzierte (d. h. auch heute noch sind 30 Millionen Amerikaner nicht versichert!). Oder das Verbot von medizinischen Vorbehalten. Für die Republikaner war und ist Obamacare des Teufels (aus Gründen, die einem eigentlich niemand richtig erklären kann), und seit Trump an der Macht ist, wird keine Gelegenheit ausgelassen, diesem Gesetz einen Zahn nach dem anderen zu ziehen.

Drugs and Doctors

Schaut man eine Stunde U.S.-TV, werden davon ca. 15 Minuten Werbespots sein. Etwa alle acht bis zehn Minuten wird die Sendung durch eine Werbeeinspielung unterbrochen. Noch vor ein paar Jahren waren die Unterbrechungen etwas seltener, nur alle 15 bis 30 Minuten. Eines der Lieblingsobjekte sind Medikamente. Die Pharmaindustrie gibt Milliarden aus für heitere Werbefilme, in denen sie ihre Produkte anpreist. Für das Advertising wird mehr Geld ausgegeben als für die Forschung.

Obwohl die »American Doctors Association« diese Art von Werbung verurteilt, ist die Pharmalobby viel stärker. Die USA sind weltweit auch eines der wenigen Länder, die das Advertising für Medikamente zulassen, oftmals unter dem Deckmantel der Meinungsfreiheit. Und so wird man konstant bombardiert mit Einspielungen von immer fröhlichen, gutaussehenden Leuten mit strahlend weißen Zähnen, die dank der täglich eingenommenen Pillen ein wunderbares und erfülltes Leben haben. Die Tabletten gegen Schlafstörungen wirken sooo fantastisch: Die Kraft und Lebensfreude der ausgeschlafenen Person sind buchstäblich spürbar – nebst dem wunderbaren Schlafmedikament möchte man Bettwäsche und Schlafanzug sogleich dazukaufen. Arthritis, eine chronische Krankheit, die irgendwann einmal jede und jeder im Lande gerne in den Mund nimmt, wird durch eine Wunderpille zum Verschwinden gebracht. Und Diabetes 2 (fast jede dritte Person in den USA wird bereits mit Diabetes oder Pre-Diabetes diagnostiziert), das eine klare Korrelation mit Lifestyle und Ernährung aufweist, wird selbstverständlich am liebsten mit Tabletten bekämpft.

Kann der Arzt anhand von Blutwerten kein physisches Leiden feststellen, werden großzügig Antidepressiva verabreicht, als wären sie feine, farbige Bonbons. Und da jeder bis ins hohe Alter ein fantastisches Sexualleben haben möchte, zeigt man attraktive, händchenhaltende, sich liebevoll anstrahlende Paare, voller Glück, weil er soeben Viagra (oder eines der Parallelmodelle) geschluckt hat. Am Ende all dieser malerischen Einspielungen hört man noch im Schnellzugtempo die Nebenwirkungen der Medikamente, die sich regelmäßig von leichten Kopfschmerzen bis hin zum plötzlichen Tod erstrecken.

Die Idee, dass man seinen Lifestyle auch kritisch überdenken und vielleicht selbständig Anpassungen vornehmen könnte, ist nicht amerikanisch. Lieber befolgt man brav, was der Arzt einem verschrieben hat. Da die meisten Ärzte zudem wenig Zeit für ihre Patienten haben und diese so konditioniert sind, dass sie unbedingt mit mindestens einem Rezept in der Tasche die Praxis verlassen müssen, erübrigt sich das Mitdenken oder Hinterfragen. Der Arzt ist ohnehin daran interessiert, möglichst viele Medikamente zu verschreiben – er bekommt dafür »Kickbacks« von den mächtigen Pharmaunternehmen.

Die »Pharmaceutical Representatives« klopfen bei Ärzten alle paar Wochen an, um von ihren neuesten Wunderpillen zu berichten. Damit ein Vertreter überhaupt bis zum Arzt vordringen und diesen von seinen Produkten überzeugen kann, greift er gerne zu kleinen Bestechungsaktionen. Er bringt Lunches für Arzt und Praxisangestellte mit (bitte nicht vergessen, welcher Arzt Vegetarier ist oder Spinat nicht mag!), lädt den Arzt zum Essen ein oder lässt sich sonst irgendwelche kleinen Geschenke und Aufmerksamkeiten einfallen. Und so ist es auch ein Stück weit der Verdienst des Pharma-Reps, von welcher Pharmafirma der Patient sein Medikament verschrieben bekommt.

Auf Partys werden stolz die Namen von verschiedensten Medikamenten in die Runde geworfen, und es sieht immer so aus, als wüssten alle genau, worum es sich bei all den Namen handelt. Fast prahlerisch erzählt man sich dann: »… so he put me on … and then he put me on …; Well, it didn't help, so he added …« Gerne erzählt man auch irgendwelche dramatischen Anekdoten von Nebenwirkungen, wie es einem schwindlig wurde, man erbrochen hat, etc. »I was dying …«, fügt man irgendwann nonchalant an.

Nicht nur sind grundsätzliche Veränderungen im Alltag ausgeschlossen. Auch Alternativtherapien, Heilpflanzen, Hausmittel oder generell ein Abwarten oder Durchhalten sind den Meisten unbekannt. Die Mentalität, dass man immer funktionieren, produktiv und einsatzfähig sein soll, macht klar, dass die körperliche Unpässlichkeit sofort und um jeden Preis verschwinden muss. Und so eilt man beim ersten Schnupfen zum Arzt, der – unter anderem, um sich vor einer juristischen Klage zu schützen – großzügig ein Antibiotikum verschreibt. Dieses erhält man in der Apotheke dann entweder gratis oder für wenige Dollar.

Der Besuch beim Arzt (den sieht man vielleicht ganze fünf Minuten) ist allerdings nicht mehr ganz so günstig. Genau genommen müsste man sowieso vom Besuch bei der »Nurse« sprechen. Am Empfang füllt man zuerst diverse Formulare mit unzähligen Disclaimern aus (ja, auch wenn die Angaben dieselben wie letztes Mal sind, bitte alles ausfüllen!). Obwohl nachher alles digitalisiert wird, besteht man auf ein wenig Arbeitsbeschaffung und Handschrifttraining. Im Wartezimmer wird man von der Nurse in Empfang genommen; sie stellt (meist uninteressiert und leicht gelangweilt) viele Fragen und nimmt emotionslos ein Protokoll auf. Ihr Gesichtsausruck verrät nichts, ihre Kompetenzen

Ernährung und Gesundheit

sind vordefiniert. Sie möchte wissen, wie groß man ist (meistens traut sie einem zu, dass man es weiß), doch das Gewicht, das wird schon von ihr selbst überprüft (sollte man am nächsten Tag wiederkehren, steht man wieder auf der Waage). Mit unbewegter Miene misst sie Blutdruck und Temperatur (sollte man am nächsten Tag wiederkehren, werden beide wieder gemessen). Sie kommentiert nicht, sie beruhigt nicht, sie schreibt auf. Dann verlässt sie das Zimmer. »The Doctor will be with you shortly ...« – der ständig gleiche monotone Satz.

Der Arzt kommt nicht ganz so »shortly«. Im Nebenzimmer (die Wände sind dünn, und die Amerikaner flüstern nicht) kann man, wenn man interessiert ist, Teile des vertraulichen Arzt-Patienten-Gesprächs gerne mithören. Wenn »the Doctor« dann erscheint, geht alles schnell. Die Notizen der Nurse überfliegt er, die Untersuchung geschieht so nebenbei (gab es überhaupt eine?), während er Namen von Medikamenten, Salben und Tests, falls benötigt, von sich gibt. Während dieser Zeit steht die Nurse (ihre Mimik hat sich nicht verändert) irgendwo im Hintergrund und schreibt alles auf, was gesagt wird (meistens Selbstgespräche des Arztes). Und weg ist er, the Doctor. Die Nurse erklärt dann das weitere Vorgehen.

Möglichst viele zusätzliche Tests werden sehr gerne angeordnet, auch solche, die selbst dann nur ansatzweise Sinn machen, wenn man beide Augen (fest) zudrückt. Der Arzt möchte verdienen und sich gleichzeitig nach allen Seiten juristisch absichern.

Aus europäischer Sicht betrachtet basiert das System auf Einstellungen und Annahmen, die einem fremd sind: In diesem Land muss nicht bewiesen werden, dass man krank ist, man muss konstant beweisen, dass man gesund ist!

Einige Wochen später beginnt der Papierkrieg mit der Krankenkasse (dazu braucht man dann ein besonders starkes Immunsystem und sehr gute Nerven!).

Opioid crisis

OxyContin ist jedem High-School- oder College-Student ein Begriff, wenn nicht aus eigener Erfahrung, dann garantiert vom Hörensagen. Zusammen mit Fentanyl, Hydrocodone und anderen Medikamenten gehört es zu den sogenannten opioiden Schmerzmitteln, und ist normalerweise nur gegen Rezept erhältlich. Deren Einnahme unterdrückt aber nicht nur Schmerzen, sondern bewirkt auch die Ausschüttung von Endorphinen im menschlichen Gehirn, was zu euphorischen Gefühlen führt. Es ist dies eine der am schnellsten süchtig machenden Medikamentenkategorien, und die Nebenwirkungen können massiv sein. Zahlreiche Jugendliche beginnen während ihrer Teenager-Jahre, damit zu experimentieren, und führen es im College weiter, wo es auf Partys und bei sonstigen Anlässen gehandelt und leicht erhältlich ist.

Im Weiteren sind die opioiden Schmerzmittel in den armen Gegenden mit hoher Arbeitslosigkeit in gewisser Hinsicht ein Ersatz für Psychopharmaka geworden. Ihre rasche und starke Wirkung, zusammen mit der praktisch sofortigen Abhängigkeit, hat zu einer Opioid-Epidemie geführt, deren Auswirkungen dramatisch sind. Die große Schuld daran tragen die Pharmaunternehmen, welche die Schmerzmittel jahrelang den Ärzten zur Verschreibung »empfohlen« haben (oftmals mit einem Kickback versehen), was diese auch großzügigst taten. Nicht benützte (der Vater hatte sie nach seiner Zahn-Wurzelbehandlung im Medikamentenschrank) oder nur »zum Schein« bezogene Medikamente landeten dann oft auf dem Schwarzmarkt oder in High Schools und Colleges. Eine Überdosis ist rasch tödlich, vor allem wenn das einzige wirksame Gegenmittel (Naloxone) nicht unmittelbar erhältlich ist und verabreicht werden kann.

In den letzten Jahren, nachdem die Opioid-Epidemie nicht mehr länger geleugnet werden konnte, haben staatliche Gesundheitsdepartemente und Ärzte begonnen, einzugreifen. Auch hat sich die Stimmung gegen die Pharmafirmen gewendet, welche jahrzehntelang die Medikamente vermarkteten und deren Abgabe massiv gefördert haben. So wurde z. B. Purdue Pharma, einer der Haupthersteller von Opioiden-Medikamenten, derart mit Klagen eingedeckt, dass die Firma nur noch ein Konkursverfahren als Lösung sah. Zwar versuchte sie noch kurz zuvor, mit ganzseitigen Inseraten in nationalen Tageszeitungen die Sachlage zu beschönigen, aber es war – obwohl ein klassisches Beispiel dafür, wie die Kommunikations- und Rechtsabteilungen heute dominieren – zu heuchlerisch und zu spät.

Auch die Firma Insys musste unter einer Last von Klagen (eingereicht von Staaten und Gemeinden) schließen. Zusätzlich dazu wurde der Firmengründer, John Kapoor, im Januar 2020 zu fünfeinhalb Jahren Gefängnis verurteilt. Begründung: Nötigung, Erpressung und illegale Vermarktung des rezeptpflichtigen Medikamentes Fentanyl.

Überdreht

Alkohol

»You Europeans know much better how to educate your teenagers about alcohol«, haben wir nicht nur einmal gehört, als unsere Söhne im Teenageralter waren. Allerdings! Das fanden wir auch, denn bei diesem Thema und der dazugehörigen Doppelmoral konnten wir nur den Kopf schütteln.

Die USA haben eine spezielle Geschichte mit dem Alkohol und dem Gesetz drumherum. Während der Prohibition (1920–1933) war der Besitz von Alkohol strikt verboten. Im Anschluss daran wurde der Alkoholkonsum ab 21 Jahren erlaubt. In den 60er Jahren – während des Vietnamkriegs – wurde in den meisten Staaten das Wahlrechtsalter von 21 auf 18 gesenkt und das Trinkalter entsprechend angepasst. In den drauffolgenden Jahren wurde in Studien eine starke Zunahme von Verkehrsunfällen festgestellt, was kurzerhand auf das niedrigere »Drinking Age« zurückgeführt wurde. Obwohl eigentlich die einzelnen Staaten über das Trinkalter bestimmen durften, wurde 1984 im Kongress eine kontroverse Vorlage verabschiedet. Nur noch Staaten, die das Trinkalter auf 21 erhöhten, würden in den Genuss der 10 % Subventionen für Highways kommen. Da waren sich die Gouverneure aller Staaten schnell einig – und so darf man halt seither landesweit erst ab 21 alkoholische Getränke in der Öffentlichkeit trinken, im Restaurant bestellen oder im Laden kaufen. An den meisten Orten müssen sich nur junge Leute ausweisen, doch es gibt Regionen, da sind die Regeln strikter: »ID please«, hieß es tatsächlich sogar bei meinem über 70-jährigen Vater, als er bei uns zu Besuch war und im Laden eine Flasche Prosecco kaufen wollte …

Junge Menschen sind mit 18 Jahren zwar volljährig, sie dürfen heiraten und sie dürfen in den Krieg ziehen. Legal ein Bier trinken dürfen sie aber vorerst nicht. Trotzdem kommt es sehr oft vor, dass die Eltern ihre Teenager dabei erwischen, wie sie Alkohol trinken, ihn aus der Familienbar stehlen oder heimlich verstecken. Eine Party schmeißen, während die Eltern nicht zu Hause sind? Getrunken wird bestimmt nicht nur Wasser, und wahrscheinlich auch nicht guter Wein, sondern nebst Bier meist billiger Wodka, der gerne mit irgendwelchen Soft Drinks gemixt wird. Diese Kombination garantiert eine rasche Wirkung.

Obwohl viele Amerikaner der Meinung sind, dass es die Europäer mit der Alkoholerziehung besser hinkriegen, akzeptieren sie ihr eigenes diesbezügliches Unvermögen als unabänderliche Tatsache. Sie haben ein Problem, mit ihren Teenagern über dieses Thema zu sprechen und es damit zu enttabuisieren. Lieber treten sie ihm – ganz amerikanisch – mit Pseudoverboten und -unterdrückungen entgegen und hoffen (und beten), dass ihre Kinder nichts Unerlaubtes machen, bis sie im College und damit nicht mehr zu Hause sind. Aus den Augen, aus dem Sinn.

Beim Eintritt ins College sind die jungen Erwachsenen eigentlich zwar erst 18-jährig, also noch weit entfernt vom erlaubten »Drinking Age«. Hier aber, weg von der Familie, kann man nun endlich über die Stränge hauen. Alle wissen es, und alle schauen weg. Viele College Campusse haben sogar eine eigene Polizei, doch auch diese gibt sich Mühe, ein Auge oder oft auch beide zuzudrücken.

Der Alkohol wird oftmals von älteren Kollegen oder Geschwistern gekauft, oder aber man geht mit einer gefälschten ID selber in den Laden. Weil man sich beim Kauf ja immer ausweisen muss, besitzt fast jeder College Student eine solche »fake ID«. Sich diese zu besorgen ist ein »normales« Business geworden.

Auch hier gilt: Eigentlich wissen alle davon, und alle tolerieren es stillschweigend. Mit einem gefälschten Ausweis haben die noch nicht 21-Jährigen dann auch in Bars und Clubs Zutritt.

»Binge drinking«, also sich bis zur Besinnungslosigkeit betrinken, ist auf jedem College Campus ein Problem. Nicht selten hört man von Alkoholvergiftungen und Einlieferungen ins Spital. Oder dass die Kids am nächsten Morgen keine Ahnung haben, was sich genau in der vorhergehenden Nacht abgespielt hat.

Wird dann die junge Person endlich 21, wird dieses so lange herbeigesehnte Ereignis ausgiebigst gefeiert. Freunde geben Runden aus, und oft ist auch der Bartender großzügig. Sollte irgendein Geburtstagskind »over board« gehen, muss nur erwähnt werden, dass der 21igste gefeiert wird. Alles klar und entschuldigt, das Verständnis ist einem sicher.

Busen, Körper, Doppelmoral

»Pornographie kommt doch auch aus den USA, warum also dieses Theater mit dem Busen?«, fragte mich kürzlich eine Schweizer Freundin. Wenn man in den USA lebt, wird man mit dieser Thematik immer wieder konfrontiert und realisiert einmal mehr, dass es immense kulturelle Unterschiede gibt zwischen der westlich-europäischen Welt und den »westlichen« USA. Eine amerikanische Bekannte versuchte es mal so zu erklären: »Dieses Land wurde von Puritanern besiedelt und die puritanische Einstellung wurde über alle Generationen weitergegeben.«

Eines der großen Tabus – der nackte Busen – hat sogar noch im Jahre 2004 eine veritable Krise im Land ausgelöst. Während des Auftritts der Sängerin Janet Jackson in der Halbzeitpause des Superbowls (dem größten Sportevent mit 100 Millionen TV-Zuschauern) wurde kurz ihre rechte Brust entblößt. Ungewollt löste sich wohl irgendein Faden und die Brustwarze wurde während einem Sekundenbruchteil sichtbar. Dieses Missgeschick führte zum skandalösen »Nipplegate« und Janet musste sich daraufhin auf diversen Fernsehkanälen entschuldigen, als wäre sie eine Kriminelle.

Nicht nur gutbürgerliche Familien sahen ein riesiges Problem darin, dass ihre Kinder diesen schlimmen Moment sehen mussten. Was genau bei den Kindern beim Anblick einer Frauenbrust ausgelöst werden kann, konnte aber nie jemand schlüssig beantworten: »It was just disgusting …« Kinder lernen sehr früh, Ekelgefühle beim Anblick von bestimmten Körperteilen zu äußern, und seien diese so harmlos wie eine Pobacke von hinten. »Aah, it's sooo gross« rufen die Kiddies.

Die Doppelmoral aber lauert immer irgendwie um die Ecke. Im Falle von Jackson traf es den mächtigen CEO von CBS (der Fernsehsender, der damals die Superbowl übertragen hat), Les Moonves. Er tat nach dem Jackson-Zwischenfall alles, um ihre Karriere komplett zu zerstören. Inzwischen musste er seinen Platz wegen verschiedenster »Me Too«-Anklagen und Affären räumen.

Doppelmoral und Widersprüche gehen Hand in Hand. Es stört niemanden, dass die BH-Models von Victoria Secret auf überdimensionierten Plakaten ihre riesigen (vom Dermatologen hergestellten) Brüste, bei denen die Brustwarzen nur ganz knapp bedeckt sind, zeigen dürfen. Es herrscht generell eine Obsession mit großen Brüsten, und die USA sind das Land der »Fake Breasts«. Auch wenn man sonst gegen das Eingreifen in die Natur (und das Gotteswerk) ist und sogar die Verhütung ablehnt, scheut man sich nicht davor, den (zu) kleinen Busen in zwei große Ballone verwandeln zu lassen. Und auch Frauen, die sich sonst theoretisch auf die »inneren Werte« konzentrieren, werden »fix it« – bei Bedarf.

Analoges beim Film. Ein R-rated Movie enthält Nackt- oder Sexszenen. Auch wenn diese nur einen kurzen Moment dauern, auch wenn die Brust(warze) nur (wie oben) einen kurzen Moment sichtbar ist, wird das R-Rating verhängt. Das bedeutet, dass dieser Film von Jugendlichen unter 17 Jahren nur in Begleitung der Eltern oder einer erwachsenen Person geschaut werden darf. Allerdings haben viele Eltern kaum Vorbehalte, bei ihren Kindern Filme oder Videogames mit extremsten Gewaltszenen zu tolerieren. Es muss schon sehr viel Blut fließen und es müssen schon einige Köpfe rollen, bis ein Film als R-rated bezeichnet wird.

Ein natürliches Verhältnis zum Körper wird weder Kindern noch Jugendlichen vorgelebt. Auch im 21. Jahrhundert gehen viele Amerikaner verklemmt durch die Welt. Die natürlichste Sache der Welt, denkt man, das Stillen, muss irgendwo in der hintersten Ecke geschehen, und die Frau deckt mehr oder weniger alles zu. Meistens wird sie aber alles daransetzen, ihr Baby nicht in der Öffentlichkeit zu stillen. Punkto Stillen rangieren die USA denn auch am unteren Ende der Industrieländer.

Bereits kleine Mädchen tragen einen Bikini mit Oberteil. Und dass ein Junge irgendwo hinpinkelt, ist fast unvorstellbar. Es gilt die Devise von »verstecken und zudecken«. Dies führt, vor allem in der Pubertät, zu Versteckspielen, Heimlichtuerei und Unterdrückung. Die Teenager, die Körper und Hormone entdecken, können selten mit ihren Eltern darüber sprechen. Die »Sex Ed« (Sexualerziehung) in der Schule ist ein Witz, und viele Eltern haben bereits mit dieser Art von Aufklärung ihre liebe Mühe. Und so kommt es vor, dass die Eltern total schockiert sind, wenn sie erfahren, dass ihre Töchter und Söhne irgendwo versteckt auf einem dunklen Parkplatz, im Gebüsch oder im Auto sexuell aktiv waren. Es wäre ihnen lieber, wenn ihre Teenager sich erst für Sex interessierten, wenn sie im College und damit aus dem Haus sind. Einmal mehr: Aus dem Hause, aus dem Sinn ...

Prostitution ist in allen Staaten (mit Ausnahme von Nevada) illegal. Trotzdem ist es völlig normal zu lesen, dass bei bestimmten Großveranstaltungen Tausende von Prostituierten eingeflogen werden. Das kann ein großes Sportereignis sein oder aber auch die Convention der Demokraten oder der Republikaner, an welcher sie ihre jeweiligen Präsidentschaftskandidaten küren. Bei letzterem kann man sich fragen, wer genau die Kunden sind. Etwa die braven, treuen, republikanischen Ehemänner mit ihren konservativen Wertvorstellungen, die sie während der Convention beklatschen und zelebrieren?

Most like it cold

»Some like it hot« war zwar ein bekannter amerikanischer Film in den 50er Jahren, doch was die Amerikaner betrifft, scheint vielmehr zu gelten: »Most like it cold«.

Kaum kommt man im Sommer (oder Frühling oder Herbst) an einem amerikanischen Flughafen an, spürt man sie: Die Klimaanlage. Und ist man mit einer amerikanischen Airline geflogen, hat man wahrscheinlich schon im Flugzeug gefroren und konnte nicht verstehen, weshalb die kalte Luft bläst (less germs in the air, you know) und man trotzdem Eiswürfel im Getränk serviert bekommt. Es ist eine Obsession, dass man alles immer kalt trinken muss (inklusive Rotwein). Auch während kältester Wintertage bekommt man im Restaurant automatisch »ice water« serviert. Viele Lebensmittel werden (oft unnötigerweise) am liebsten im Kühlschrank aufbewahrt.

An einem heißen Tag empfiehlt es sich für Nicht-Amerikaner, eine dicke Jacke und Socken ins Restaurant oder Kino mitzunehmen, damit man überhaupt sein Essen genießen bzw. sich auf den Film konzentrieren kann. Auch öffentliche Räume, Büros, Schulen sowie Läden und Malls sind meistens bitterkalt. Unser Sohn musste kürzlich in Las Vegas umsteigen. Draußen waren es um die 40 Grad Celsius, doch wegen der trockenen Luft ist diese Temperatur einigermaßen erträglich. Da sich die Abflugzeit verzögerte und der Flughafen sich wie eine Kühltruhe präsentierte, kaufte er sich im »Gift Shop« einen Pullover, worüber sich nun die Familie gerne amüsiert.

Bei sommerlichen Temperaturen halten sich nur wenige Leute (oftmals Touristen) draußen auf, lieber verbringen sie ihre Zeit in klimatisierten Räumen. Eine ältere Dame war einmal total schockiert, weil ich bei 30 Grad mit unseren zwei kleinen, sehr aktiven Söhnen auf den Spielplatz ging: »Stay inside with them, with the airconditioning on, it's too hot outside.« Kräftig gekühlt wird auch, wenn nur die Luftfeuchtigkeit hoch ist, aber nicht unbedingt die Temperatur. Durchgefroren kommt man dann aus dem Buchladen und stellt zähneklappernd im Auto die Heizung an.

Manchmal drängen sich pragmatisch-amerikanische Lösungen richtiggehend auf. In meinem Büro an der Universität war es im Sommer stets 14 Grad kalt, oder noch weniger. Diesbezügliche Reklamationen prallten an der Administration locker ab, mit der Begründung, dass die Klimaanlage für das ganze Gebäude zentral gesteuert sei, und das wärmste Büro höchstens 18 Grad anzeigen dürfe. Mein Büronachbar half sich damit, dass er einen elektrischen Ofen mitbrachte, um trotzdem arbeiten zu können. Er fand daran nichts Besonderes. Diese Geschichte war uns immer irgendwie peinlich, weshalb wir sie Europäern bis jetzt nicht wirklich erzählt haben.

Kälte kommt mit Lärm. Unsere Nachbarn hatten ihre Klimaanlage jahrein, jahraus auf etwa 22 Grad Celsius eingestellt. Um diese Temperatur permanent zu halten, gab es Tage, vor allem im Frühjahr und im Herbst, da wurde ihr Haus am Morgen geheizt, und am Nachmittag hörte man das Surren der Klimaanlage. Dabei war es einfach ein herrlicher Tag, der weder die eine noch die andere Energiequelle gebraucht hätte. Da sich bei Einfamilienhäusern die Klimaanlagen meist auf der Seite des Hauses befinden, haben auch die netten Nachbarn das Vergnügen, von deren lauten Geräuschen berieselt zu werden.

Ein andermal waren wir auf einem Chorkonzert unseres Sohnes. Die Musiklehrerin war seit Jahrzenten bekannt für ihre qualitativ hochstehenden Musikaufführungen. Etwa beim dritten Lied, dessen intensive Schwingungen man gerne gehört und gefühlt hätte, fing die Klimaanlage an zu dröhnen – gleichzeitig mit den schönen Gesangsstimmen. Ich war so perplex und schaute die Lehrerin mit großen Augen an. War sie nicht enttäuscht? Ich sah mich um, waren die anderen Eltern nicht auch irritiert? Fanden sie es nicht schade, dass die Kinderstimmen durch dieses laute Geräusch gestört wurden und nicht mehr klar hörbar waren? Nein, niemand schien sich daran zu stören. Sie schienen es gar nicht zu bemerken.

Hundemania

Die Liebe zu Hunden mag bei vielen Menschen groß sein, doch bei Amerikanern scheint sie größer zu sein. Was sich in den USA diesbezüglich abspielt, überschreitet die Grenzen des Verständlichen – es ist pure Obsession. Bereits vor vielen Jahren war es ein Must, dass man als Familie nicht nur einen, sondern mehrere Hunde besaß. Diese sind vollwertige Mitglieder der Familie, sie spazieren in Wohnräumen herum und schlafen oftmals in Schlafzimmern oder gar Betten der Familienmitglieder. Sollte sich der Hund unwohl fühlen oder ist er einfach schon sehr alt, werden vom Tierarzt alle Maßnahmen ergriffen, um ihn wieder »hinzukriegen« – koste es, was es wolle. Und so gibt es unzählige Tiere, die komplizierte Operationen und Therapien über sich ergehen lassen und täglich Tabletten gegen Arthrose, Reizdarm und Depressionen schlucken (müssen).

Wohnt die Familie in einem Suburban-Haus, wird oft ein unsichtbarer Stromzaun, »the invisible fence«, ums Grundstück herum im Boden eingegraben. Hunde können sich nun draußen frei bewegen, aber wollen sie den Zaun überqueren, hält sie ein leichter Stromstoß davon ab. Mit den Hunden wirklich spazieren zu gehen, liegt bei vielen Familien gar nicht drin und steht nicht auf ihrer Prioritätenliste. Liebe kann man bekanntlich auf verschiedene Arten zeigen ...

Inzwischen haben die Vierbeiner auch die Städte erobert. Sogar in Orten wie New York, wo die Mietpreise für selbst kleinste Flächen exorbitant sind, quetscht man den Hund in seine kleine Wohnung. Oftmals verbringen die Tiere ihren einsamen Alltag in einem Crate – eine Art größerer Käfig (was in Städten wie New York schnell einmal gleichbedeutend mit Wohnung ist). Damit sie aber glücklich sind und einen trotzdem lieben, kauft man seinem treuen Mitbewohner jede Woche ein paar neue Spielsachen. Jährlich werden im Land eine Milliarde »Dogtoys« für die Lieblinge gekauft.

Nicht selten ist in Mietshäusern ein Bellkonzert zu hören. Die gelangweilten Tiere stecken einander an und kommunizieren miteinander über die verschlossenen Türen hinweg. Kommen die Hundebesitzer abends nach Hause, werden die Hunde ausgeführt und treffen auf viele gleichgesinnte Freunde und Hundeeltern. Die meisten Hundebesitzer behandeln ihre Tiere wie Kinder, sie sprechen auch automatisch von ihren Babys und nennen sich selber »Mommy and Daddy«. Prächtig stolz sind sie auf ihre »Good Boys« oder »Good Girls« und erwarten, dass die Umgebung die Einzigartigkeit ihrer Kinder auch wirklich wahrnimmt und positiv kommentiert. Immer häufiger werden die Babys im kleinen Hunde-Kinderwagen herumgefahren (liegt es nicht in der Hundenatur, dass sich die Tiere bewegen müssen?) oder aber auch auf dem Arm getragen (weil die Kleinen vom Spaziergang oder der intensiven Aufmerksamkeit der Leute müde geworden sind). Inzwischen haben auch Snuglis Einzug genommen. Für viele Millennials ist der Hund der Beginn einer Familiengründung. Bevor man Kinder kriegt, soll zuerst am Hund geübt werden.

Natürlich erteilen sowohl Hundebesitzer als auch Hundelose gerne den Hunden Hundekomplimente. Sie machen Selfies mit den »Cute Dogs«, möchten sie streicheln, möchten sie küssen etc. Sieht man eine Gruppe junger Menschen, ist die Chance groß, dass sie einen Hund bewundern. Hundesalons, Hundespas, Hundehotels, Hunde Daycares, Hundeparks und natürlich ganze Regale mit gesundem Hunde(fr)essen schießen überall wie Pilze aus dem Boden. Die Kreativität kennt keine Grenzen – die Millenials treiben die Milliardenindustrie immer mehr in die Höhe. Gemäß einer Statistik geben Amerikaner gut doppelt so viel Geld für ihre

Hunde aus als Hundeliebhaber in Ländern wie Frankreich, Deutschland oder der Schweiz.

Früher waren an den meisten öffentlichen Orten wie Schulen, Läden, Flughäfen und natürlich in Flugzeugen nur »Service Animals«, also ausgebildete Tiere für behinderte Menschen, erlaubt. Heute aber spazieren Hunde souverän überall herum und werden überallhin mitgenommen. Ein kleines »Loophole«, also eine kleine Gesetzeslücke, wird rigoros ausgenützt. Der Hund oder die Hunde werden als sogenannte »Emotional Support Dogs« zertifiziert. Alles, was es braucht, ist ein Arzt oder Psychologe, der einem eine Bestätigung ausstellt (eine kleine emotionale Unterstützung kann schließlich jeder gebrauchen). Online kann man das heutzutage alles schnell erledigen. Und täglich werden die Tore für »Emotional Support Animals« weiter geöffnet, man lässt sie selbstbewusst ins Gebäude eintreten, auch wenn dort eigentlich gar keine Haustiere geduldet sind. Sie dürfen nun in Läden herumspazieren und alle Esswaren beschnüffeln. Im Flugzeug dürfen sie ihre lieben Eltern auf dem Flug begleiten (emotionale Unterstützung ist besonders bei Flugangst wichtig, und ein Hund ist gesünder als viel Alkohol). Es wird womöglich nicht mehr lange dauern, bis Airlines extra Hundemeals servieren werden.

In den Colleges ist es zum Trend geworden, seinen Liebling ins Klassenzimmer mitzunehmen. Der Professor mag vielleicht etwas dagegen haben, doch viele sehen es als Selbstverständlichkeit an, den Hund studieren zu lassen. Wer weiß, vielleicht lernen die Hunde während der Vorlesung sogar mehr als ihre Eltern.

Für diejenigen Studierenden, die ihr geliebtes Tier nicht an ihren Studienort mitnehmen können, gibt es bereits erste Alternativen. Die University of North Carolina bietet neuerdings an, dass sich Studenten aus der Bibliothek einen therapeutischen Roboter ausleihen können. Er sieht aus wie ein richtiger Hund, man kann ihn streicheln, umarmen, küssen etc., genauso wie den daheimgebliebenen Liebling. Der Roboter reagiert offenbar auf all diese Zärtlichkeiten. Die Bezeichnung »Bibliothek« in diesem Zusammenhang ist allerdings doch ein eher fragwürdiger »Stretch«.

Man ist ganz bestimmt in der Minderheit, wenn man dieser Hundemanie mit Distanz begegnet. »Oh my god, how cute« ist der Satz, den die Hunde-/Kinderbesitzer zu hören bekommen (wollen), und den man sich generell einprägen sollte. Schiefe, nicht vergötternde Blicke kommen nicht gut an. Allergien (im Lande der Allergien) sind plötzlich inexistent, gesunde Skepsis oder sanitäre Bedenken erscheinen nicht einmal am fernen (Hunde-)Horizont.

Auf Reisen

Auf einem meiner Flüge in die Schweiz meinte mein Sitznachbar, ein weltoffener, vielgereister Amerikaner, er renne immer schnell davon, wenn er im Ausland seine Landsleute höre oder treffe. Ich musste schmunzeln: »They are loud, obnoxious and they always travel in big groups«, meinte er unter anderem.

Die meisten Amerikaner haben sehr großen Respekt davor, die USA zu verlassen und in ein Land zu reisen, in dem eine andere Sprache als Englisch gesprochen wird. Dies verunsichert sie zutiefst, und deshalb ist es oftmals auch ein englischsprachiges Land – bevorzugt England –, das sie als Erstes außerhalb den USA besuchen (stolz verkünden sie dann, dass sie in Europa waren). Die wenigsten sind bereit, sich wenigstens ein paar Sätze einer fremden Sprache einzuprägen. Es ist selbstverständlich, dass sie am Ferienort nicht nur »amerikanisch« sprechen, sondern auch Ausdrücke gebrauchen, die jemand mit gewöhnlichem Schulenglisch nicht unbedingt verstehen wird. Die Fähigkeit, sich in die »Sprachschuhe« des anderen zu versetzen, ist nicht unbedingt ausgeprägt.

Generell ist die amerikanische Reisekultur eine andere als diejenige der Europäer. Sie brauchen eine Person, die sie führt und leitet, oder ihnen zumindest eine Liste mit klaren Zielen, Angaben und Informationen vorlegt, oder noch besser: ein klar strukturiertes Programm organisiert. Gerne schließen sie sich in Gruppen zusammen, um unter ihresgleichen zu sein (eben, mein Sitznachbar würde jetzt wegrennen). Man kann sie oftmals hören, wie sie sich über gewisse Gebräuche und gerne auch das »Andere« austauschen und darüber staunen. Ihr Interesse, das Lokale kennenzulernen, ist eher gering. Sie möchten in erster Linie die in den Reiseführern gängigen Sehenswürdigkeiten abhaken. Meistens ist ihr »Itinerary« dicht gedrängt, in wenigen Tagen wird ein intensives Reiseprogramm abgespult.

Dinge, die anders funktionieren als zu Hause, werden meist mit leichtem Unverständnis quittiert. Warum hat es im Wasser nicht automatisch Eiswürfel? Keine Klimaanlage im Hotelzimmer oder im Restaurant – »Oh, my god, es war nicht auszuhalten! Die Zimmer waren so klein! Es gab nicht einmal die richtigen Cereals (die mit viel Zucker) zum Frühstück. In der Hotelsauna waren die Leute nackt! Wie kann man erst so spät abends essen – das Restaurant war um 18 Uhr noch geschlossen.«

Junge Menschen (unter 21) genießen in Europa die Freiheit, Alkohol trinken zu dürfen, und kennen oftmals die Grenzen nicht. Junge Mädchen fallen auf durch ihr lautes und auffälliges Gekicher und schrilles Gequake. Ihre sehr kurzen Shorts sind für sie das, was für ältere Generationen die Turnschuhe (meistens auffällig weiße) sind. Auch sind sie definitiv als Amerikaner zu erkennen, wenn sie im kalten Flugzeug nur mit kurzen Hosen, T-Shirt und Flip Flops bekleidet sitzen. Seid ihr bereits am Strand oder fliegt ihr in die Tropen?

Begegnen sich Amerikaner zufällig irgendwo im fremden Land, geht das gegenseitige Beraten los. Sofort erzählen sie einander, was sie wo gesehen, gegessen oder gekauft haben. Sie werden schnell zu einer großen Familie, die zusammenhalten und sich gegenseitig unterstützen muss, um die Schwierigkeiten in der Fremde meistern zu können.

Auch auf inländischen Flügen schleppen sie überdimensionierte Koffer, die als Handgepäck ins Flugzeug gebracht werden.

Sie zwängen ihr Gepäck in die »Overhead Bins«, die sich dann sehr schnell füllen. Der Aufruf der Flight Attendants bei amerikanischen Airlines kommt schon fast routinemäßig. Freiwillige werden gesucht, die bereit sind, gratis ihr Gepäck einchecken zu lassen. Dieses sich immer wiederholende Prozedere zieht häufig Abflugsverzögerungen nach sich.

Urlaub und Reisen sind generell eher kurz, da nur wenige Ferientage zur Verfügung stehen. Über »Thanksgiving« fährt oder fliegt man zur Familie, um den Nationalfeiertag (4th of July) herum fährt man vielleicht ein paar Tage ans Meer, am liebsten in irgendein Resort, wo man einen organisierten Tagesablauf mit vielen definierten Aktivitäten vorfindet. Das absolute Highlight vieler Familien ist das Disney Land. Für dieses Abenteuer sind sie bereit, sehr viel Geld auszugeben. Über alle gesellschaftlichen Schichten hinweg macht der Wunsch, Mickey Mouse ganz nahe zu sein, Orlando zur »Number One Holiday Destination«.

Aufbauen und Abbauen

Egal wann und wo man in den USA einen Laden betritt, es gibt dort bestimmt irgendeinen Sale. »Buy One Get One Free«, heißt es dann zum Beispiel, oder »Get 10 Dollars off when you spend $ 50«. Die Marketingstrategen denken sich im Lande der Shopaholics (was war zuerst?) immer etwas aus, das die Leute dazu bringt, noch mehr zu konsumieren. Die Menschen kaufen grundsätzlich mehr, als sie je brauchen: Drei gleiche Shampoos, weil das dritte ja gratis war. Die fünfte Pfanne, weil sie ja 10 Dollar billiger war (obwohl man ja kaum kocht). Und dann gibt es natürlich die großen Sales für Kleider, Schmuck, Accessoires. Bei jedem noch so unwichtigen Feiertag oder Ereignis wird man mit Reklamen bombardiert: Easter Sale, Presidents' Day Sale, Back to School Sale, Thanksgiving Sale, und unzählige mehr.

Und so wird drauflosgekauft, die Kreditkarten machen das Shoppen einfach. Für neue Dinge hat man vielleicht im Kleiderschrank gar keinen Platz mehr. Egal, die zusätzlichen Errungenschaften werden zu den bereits vorhandenen Kleidern hineingequetscht. Mit den Schuhregalen verhält es sich nicht anders. Neue Schuhe werden gekauft, obwohl diverse Modelle immer noch in der Schachtel warten und gar noch nie ausgepackt, geschweige denn getragen wurden. Die Schränke sehen echt chaotisch aus. Etwas auszusortieren fällt schwer, trotz der ständig neuen Einkäufe.

Also weicht man irgendwann auf den Keller oder sonst einen Stauraum aus. Dieser ist allerdings auch schon bereits mit Dingen gefüllt, die von niemandem mehr gebraucht werden: Spielsachen der Kinder, alte Fahrräder, Dekorationsmaterial, Sportausrüstungen und Möbel. Überquillt der Keller irgendwann ebenfalls, wird die Garage zum Lagerraum umfunktioniert. Es ist nichts Außergewöhnliches, dass die Hausbewohner ihr Auto im Freien vor der Garage parken, weil diese mit »Junk« vollgestopft ist. Es gibt zwar immer wieder die bekannten Garage Sales, wo die Leute ihre alten Sachen für wenig Geld anbieten. Dieser Verkaufstag mag zwar eine Fun-Komponente haben, aber selten wird so viel verkauft, dass danach Platz im Haus geschaffen würde.

Wenn sich die Garage schließlich ebenfalls gefüllt hat, gibt es für die meisten nur noch einen einzigen Ausweg. Sie mieten einen Self-Storage! Fährt man quer übers Land sieht man unzählige dieser Lagerhallen. Über 50 000 gibt es im Land; sie stehen vor allem in städtischen Vororten, aber manchmal auch in den Städten selbst. Der Self-Storage ist ein Mietlager, in dem all die nicht gebrauchten Gegenstände eingelagert werden können. Die Boxen gibt es in unterschiedlichsten Größen und Preisen. Viele Amerikaner sind bereit, für dieses Extra zu bezahlen, denn die Idee, dass es immer mehr und mehr sein muss, ist in der Kultur tief eingraviert. Die Quantität spielt in den meisten Bereichen die deutlich wichtigere Rolle als die Qualität.

Entscheidet sich jedoch jemand für das »Organisieren« und »Ausräumen«, wird eine Fachperson beigezogen. Die sogenannten

»Professional Organizers« kommen ins Haus und arbeiten nach dem Prinzip von: Keep, Toss, Donate (Behalten, Wegwerfen, Spenden), und verlangen durchschnittlich 100 Dollar pro Stunde. Die Japanerin Marie Kondo ist inzwischen zur großen »Organizing Guru« und ihr Nachname zum Verb geworden: »Kondoing«. Bei ihrer Philosophie geht es darum, durch die äußere Ordnung wieder eine innere Ordnung herzustellen. Zweifellos etwas, das das Land benötigt.

SHOW ME THE MONEY

The American Dream

Geil auf Kapitalismus

> »Den Meisten von Euch ist es wichtiger, viel zu verdienen, anstatt das Leben positiv zu gestalten. Ihr neigt dazu, den Erfolg eher nach der Höhe des Einkommens und der Größe des Autos zu beurteilen und nicht nach dem Ausmaß Eurer Hilfsbereitschaft und Eures Beitrages zur Menschlichkeit.«
> Martin Luther King, 1956

Martin Shkreli war der Gründer und CEO einer dubiosen Pharma-Company namens Turing Pharmaceuticals. 2015 benützte er die Gesellschaft, um die Herstellungsrechte eines seit langem existierenden Medikamentes gegen Parasiten, Daraprin, zu erwerben. Unmittelbar nach dem Kauf erhöhte er den Preis pro Tablette nonchalant von 13.50 auf unglaubliche 750 Dollar (!). Auf massive Kritik antwortete er, dass er den Preis noch viel höher hätte ansetzen sollen. »Niemand will es sagen, und niemand ist stolz darauf. Aber dies ist eine kapitalistische Gesellschaft, ein kapitalistisches System, mit kapitalistischen Regeln.«

Shkreli ging selbst für amerikanische Verhältnisse sehr weit (und später für andere Vergehen ins Gefängnis). Dass aber die USA *das* klassische kapitalistische Land sind, ist wohl unbestritten. Freie Märkte sollen es richten, Profitmaximierung steht im Vordergrund, der Staat soll möglichst wenig eingreifen und schon gar nicht dem Bürger dreinreden. Den Begriff »Kommunismus« verwendet man in einer Diskussion besser nicht, und jemanden als »Socialist« zu bezeichnen war – zumindest bis zum Auftauchen von Bernie Sanders – de facto eine üble Nachrede.

Definitiv ideologisch entfesselt – und damit in der Wirtschaftswelt und Gesellschaft salonfähig – wurden die kapitalistischen Dogmen in den 1970er Jahren, als eine Gruppe von Ökonomen der University of Chicago diese in simplen und nachvollziehbaren Grundsätzen popularisierte. Erstens war von nun an das einzige Ziel einer Unternehmung, den Aktienkurs zu maximieren: Der Begriff Shareholder Value war geboren. Zweitens, so wurde erklärt, seien die Menschen grundsätzlich getrieben von der persönlichen Nutzenmaximierung. Die Frage »What's in for me?« ... »Was schaut denn für mich dabei raus?« erhielt damit plötzlich eine Art wissenschaftliche Legitimation. Und drittens wurde mit dem Modell der sogenannten »Rational Expectations« postuliert, dass Märkte jederzeit die kollektiven rationalen Erwartungen aller Marktteilnehmer reflektieren (Hmm ... sind alle Menschen wirklich immer rational?). Oder mit einfacheren Worten: Märkte haben grundsätzlich immer recht. Damit erübrigte sich auch jede Regulierung, denn diese konnte ja nie so gut sein wie das Spiel der Marktkräfte.

Die folgenden Jahrzehnte schienen den Chicago-Ökonomen Recht zu geben. Die Wirtschaft wuchs, die Löhne stiegen (wenn auch nicht für alle), und Schwächephasen wie die sogenannte »Dot Com Blase« um die Jahrtausendwende wurden weggesteckt.

Erst mit der 2008 einsetzenden Finanzkrise und der nachfolgenden Rezession begann man, dieses System zu hinterfragen. Wie konnte es sein, dass Banker Boni verlangten und erhielten und gleichzeitig ihre Bank von der Regierung gerettet werden sollte? Oder dass die Hersteller von Opioiden Milliardengewinne erzielten und die Süchtigen zum Problem des Staates und der Gesellschaft wurden? Oder dass die Manager von börsengehandelten Firmen – getrieben von kurzfristigem Denken – nur noch an

Kostensenkungen dachten, Arbeiterlöhne und Sozialleistungen drückten, Investitionen vernachlässigten und resultierende Umweltschäden ignorierten oder diese nach Asien auslagerten?

Im August 2019 traf sich der Dachverband der führenden Unternehmen der USA (Business Roundtable). Zum allgemeinen Erstaunen schienen fast 200 CEOs der größten Unternehmen vom Saulus zum Paulus konvertiert zu haben – zumindest verbal. Sie erklärten feierlich, sich künftig vom Shareholder-Value-Prinzip zu distanzieren. Stattdessen würden sie den Fokus nun auf Investitionen in Mitarbeiter, Umweltschutz und generell ethische Aspekte verlagern. Offensichtlich konnten sie ob der immer lauter werdenden kritischen Äußerungen nicht mehr einfach wegschauen und die Missstände ignorieren. Das waren komplett neue Töne und bestimmt auch cleveres, berechnendes Marketing. Deshalb gilt zuerst einmal, wie immer in den USA, »talk is cheap«.

Im Moment gärt es ein wenig im amerikanischen Kapitalismus. Die Republikanische Partei unter dem jetzigen Erzkapitalisten Trump versucht zwar nach wie vor verzweifelt, die Vergangenheit fortzuschreiben. Aber auf der demokratischen Seite machen sich bisher ungewohnte Stimmen bemerkbar: Bernie Sanders oder Elizabeth Warren vertraten im Wahlkampf (bis zu ihrem Ausscheiden) dezidiert »unkapitalistische« Ideen, und auch im Kongress drängen erste Vertreter einer nächsten Generation mit analogen Ideen nach. Und dank ihrer Popularität bei den jungen Wählern ziehen sie die ganze Demokratische Partei nach links. Ein wenig zumindest, und im Moment.

Dollarzeichen in den Augen

»*Greed, for lack of a better word, is good.*«
Gordon Gekko, Wall Street Movie (1987)

In den Donald Duck Comic-Heften unserer Jugend (ja genau, da gab es noch kein Internet) waren wir jeweils fasziniert von den Abenteuern von Donald, Tick, Trick und Track, Daniel Düsentrieb, den Panzerknackern, und wie sie alle hießen. Und immer kam dabei auch Dagobert Duck vor, der reichste Mann bzw. die reichste Ente der Welt. Ursprünglich eine amerikanische Comic-Figur, wird sie bis heute von Disney-Zeichnern verwendet. Dagoberts Geiz und sein riesiges, in einem Geldspeicher gelagertes Vermögen sind legendär.

Unvergesslich sind uns auch die Dollarzeichen in seinen Augen, die immer dann aufleuchteten, wenn Dagobert an seinen Reichtum und seine zukünftigen Gewinne dachte. Nun, im amerikanischen Alltag begegnen einem solche gefühlten Dollarzeichen in den Augen immer wieder.

Beim Verdienst: Die Frage, wie viel jemand verdient, lautet in der Regel »How much do you make?« (aber wer *macht* denn Geld?). Wer mehr verdient, ist angesehener. Ein neuer Job, der besser bezahlt ist, ist fraglos attraktiver. Ein College, dessen Absolventen gemäß der Statistik mehr verdienen als diejenigen eines anderen, hat ein höheres Ranking. »Make more« ist grundsätzlich besser, egal was die dafür geforderten Gegenleistungen sind (noch längere Arbeitszeiten, noch mehr Stress, noch durchgehendere Erreichbarkeit).

Beim Wachstumszwang: Ein Restaurant oder ein Coffeeshop werden von den Inhabern mit viel persönlichem Einsatz aufgebaut und zum Erfolg geführt. Früher oder später werden Angebote kommen, ob man nicht aus dem einen Restaurant zwei machen wolle. Oder drei? Oder gar eine Kette? Investoren werden mit Geld und Consultants mit Strategien locken, und beide zusammen ködern die Inhaber mit Versprechen von reduzierten Kosten, gesteigerter Effizienz und damit mehr Gewinn. Für viele ist es schwierig, diesem Traum von »make more« zu widerstehen, obwohl lange nicht alle mit dieser Art von Wachstumsstrategie erfolgreich werden (und auf jeden Fall bleibt dabei der Charme der Einmaligkeit auf der Strecke).

Bei der College-Ausbildung: Viele junge Amerikaner und Amerikanerinnen hören von ihren Eltern gegen Ende der High School, dass sie im College auf etwas fokussieren sollen, mit dem sich später Geld verdienen lässt. Geisteswissenschaften gehören sicher nicht dazu, sie haben den Ruf von »Unemployment Degrees«. Arzt, Zahnarzt oder Ingenieur sind traditionell gutbezahlte Berufe, aber sie haben relativ hohe Aufnahmehürden, gelten als anspruchsvoll, und kommen deshalb für viele gar nicht erst in Frage. Also bleibt noch die Business School, da man ja mit einem Business Degree immer einen Job findet. Kein Wunder sind die Heerscharen von wenig motivierten oder komplett desinteressierten Business-Studenten legendär ... jeder Professor kann ein Lied davon singen.

Bei den zahlreichen, nie aus der Mode kommenden schnellen Verdienstmöglichkeiten: Namen wie Amway, Mary Kay, Herbalife, Arbonne und viele mehr sind nach dem Schneeballprinzip aufgebaute Systeme, bei denen Produkte auf Kommissionsbasis verkauft werden. Von jedem Verkauf profitiert auch gleichzeitig die sogenannte »Upline«, also diejenige Person, die den Verkäufer oder die Verkäuferin rekrutiert hat. »Multi-Level Marketing« nennt sich das vornehm, und die amerikanische Wettbewerbskommission FTC (Federal Trade Commission) hat in einer Studie aufgezeigt, dass hunderte solcher Verkaufsorganisationen existieren, und 99 % der Leute, die mitmachen, Geld verlieren. Die Versprechungen sind immer »money driven«, es erwarten einen schöne Villen, teure Autos und ein luxuriöser Lifestyle, ohne dass man dabei viel investieren muss. Eigentlich würde man denken, dass die Zeit solcher »get rich quick«-Schemata vorbei ist, aber es scheint ein zeitloses Phänomen zu sein.

Und wenn sonst nichts mehr geht, kann man es auch im spirituellen Bereich versuchen: The Science of Getting Rich, the Law of Attraction, Unlimited Abundance und unzählige weitere solcher Kurse offerieren (gegen gute Bezahlung, versteht sich) Programme, in denen einem die Kunst des Manifestierens beigebracht wird. »Manifest your desires« bedeutet, sich persönliche Ziele vorzustellen, vorzusprechen und zu verinnerlichen, womit sie dann auch erreicht werden sollen. Was bei allen Programmen auffällt: »Getting rich« ist als Ziel stets sehr weit vorne. Oder um es mit der Website des Programmes »The Ten Steps to Manifesting Money« zu sagen: Step 4: »Act as if you are wealthy«. Step 5: »Believe that Money is a Good Thing«.

Übrigens: Die Website zeigt am Anfang der Ten Steps ein Auge mit einem Dollarzeichen drin (hello Dagobert!).

Obsessed with Sales and Marketing

»Glenngarry Glenn Ross«, ein Film-Klassiker mit Kultstatus, zeigt detailgenau zwei Tage im Leben von vier Immobilienverkäufern. Ein vom Headquarter gesandter »Trainer« macht ihnen klar, dass am Ende der Woche alle außer den zwei »Top-Verkäufern« gefeuert würden. Damit beginnt ein Drama mit allen Zutaten des sprichwörtlichen amerikanischen »Sales-Jobs«: Knallhartes Arbeitsklima, unerreichbare Vorgaben von oben, keine vernünftigen Leads, dubiose Verkaufsprodukte, enormer Zielerreichungsdruck, Lügen und Übertreibungen, Motivation mit Zuckerbrot und Peitsche, frustrierte und desillusionierte Verkäufer, Konkurrenzdenken und Erpressungstaktiken.

»Sales« ist seit jeher ein integrales Thema der amerikanischen Gesellschaft und ist in unzähligen Theaterstücken, Büchern und Filmen thematisiert worden. Es gibt kein College, das nicht Sales-Classes anbietet. Die Flut von Sales-Programmen (online und offline) aller möglichen Anbieter ist erdrückend. Als müsste man bestätigen, dass es ein schwieriges Arbeitsumfeld ist, sind »Inspirational Sales Quotes« und »Motivational Speakers« immer ein Teil dieser Kurse (glaube daran, und der Erfolg wird sich einstellen). Es gibt Statistiken über die »Greatest Salespeople of all Time«, natürlich alles Amerikanerinnen und Amerikaner. Hunderte von »Sales Conferences« finden jährlich statt, und oft darf man als Belohnung für das erreichte Umsatzziel daran teilnehmen (es winkt zusätzlich ein verlängertes Wochenende). »I work in sales« ist eine immer wieder gehörte Antwort auf die Frage nach dem Beruf.

Viele Sales Jobs werden nicht unbedingt als solche angepriesen. So kann beispielsweise ein Student mit einem Business Degree das College verlassen und von einem Finanzinstitut angestellt werden. Während der Student sich einen gut bezahlten Finanz-Job vorstellt, wird er in der Realität nichts anderes machen, als Finanzprodukte zu verkaufen. Dafür braucht es nicht unbedingt viel Finanzwissen, aber dafür Verkaufstalent.

So hart das Berufsleben im Sales-Bereich auch sein kann, es gibt wohl kein anderes Land, in welchem man damit derartige Einkommensmöglichkeiten hat wie in den USA. Dank der schieren Größe des Landes und seiner Homogenität existiert – sobald einmal ein verkäufliches Produkt vorhanden ist – ein gigantischer Absatzmarkt, der bedient werden will. Kein Wunder sind viele Flughäfen am Montagmorgen voll mit National und Regional Sales Managern, die bis Donnerstag quer durch das Land fliegen und auf Kundenbesuch gehen, um dann am Freitag im Büro die administrativen Dinge zu erledigen. Sehr oft sind die Verkaufs-Kommissionen dabei höchst lukrativ, vor allem sofern man es entsprechend hoch hinauf geschafft hat (und das wiederum erreicht man, indem man seine Verkaufsziele regelmäßig erreicht oder übertrifft).

Um die Sales Force laufend zu motivieren, werden überall entsprechende Anreize gesetzt: Auszeichnungen als Employee of the Month etwa, oder Salesperson of the Year. Als Belohnung gibt es – wiederum je nach Hierarchie – alles Mögliche, von der simplen Plaquette bis zur bezahlten Kreuzfahrt. Nirgendwo gibt es wohl so viele wohlhabende und reiche Sales Manager wie in den USA.

Untrennbar mit Sales verbunden sind natürlich das Marketing und die Werbung. Seit in den 30er Jahren des letzten Jahrhunderts erstmals Psychologen angestellt wurden, um die Bedürfnisse und Empfänglichkeiten der Menschen in zählbaren Umsatz zu verwandeln, sind die USA zum Land des Marketings und der Werbung schlechthin geworden. Von den großen Werbekampagnen über die ungewollten Verkaufs-Anrufe bis hin zu den heutigen personifizierten Online-Anzeigen auf dem Bildschirm wurde alles hier erfunden, entwickelt, verbessert und perfektioniert. Google wurde zwar mit seiner Suchmaschine und seinem Suchalgorithmus bekannt, aber die beiden Gründer hatten von Anfang an nie einen Hehl daraus gemacht, was die Firma eigentlich ist: eine gigantische Marketing-Maschine.

Die Dimension der Jobs im Bereich von Sales und Marketing zeigt sich auch in der amerikanischen Arbeitsstatistik. Von den 22 dort unterschiedenen groben Berufsbereichen ist Sales und Marketing mit gegen 15 % aller Arbeitsplätze der zweitgrößte, übertroffen nur von »Büro und Administration«.

Dubiose Taktiken

»Was Wall Street und Kreditkartenfirmen machen, ist nicht viel anders, als was Gangster und Wucherer tun. Auch wenn die Banker dreiteilige Anzüge tragen und keine Knochen von säumigen Zahlern brechen, zerstören sie trotzdem das Leben vieler Menschen.«
Bernie Sanders, Präsidentschaftskandidat 2016 und 2020

Die gigantische amerikanische Marketing-Maschinerie dringt konstant in das Leben aller Bürger ein. Reklamen für Autos, TV-Geräte, Elektronik, Schmuck, Werkzeuge, Rechtsanwälte, Kurse und Lehrgänge, Kosmetik, und was die Fantasie sonst noch zulässt, erscheinen permanent auf Papier, im Radio, im Fernseher und auf dem digitalen Bildschirm. Sehr oft werden auch Medikamente beworben, von Schmerzmitteln über Schlaftabletten bis hin zu Psychopharmaka. Selbst rezeptflichtige Medikamente sind keine Ausnahme, just ask your doctor …

Ist das Bedürfnis einmal geweckt, wird auch sofort aufgezeigt, wie man dieses finanzieren kann. »0 % Financing for 1 Year«: Ein ganzes Jahr lang muss man für sein Traumprodukt gar nichts bezahlen? Wow! Beim Kauf eines neuen 1000 Dollar Fernsehers erhält man sogleich eine Offerte für Ratenzahlungen: »36 easy monthly payments« von je $ 50 (ist ja halb geschenkt!). Dass dies einem Jahreszins von über 50 % entspricht, realisieren die meisten nicht, und falls doch – who cares? Alternativ belastet man es der Kreditkarte, die einen damit ködert, dass man von den 1000 Dollar Schulden minimal lediglich $ 35 zurückzahlen muss. Dass man den Rest zu einem Monatszins von »nur« 2 % stehen lassen kann, findet sich nur im Kleingedruckten – who cares?

Marketing- und Finanzindustrie zusammen wirken magisch auf das Kaufverhalten von vielen Amerikanern. Erstens scheinen die Konsumbedürfnisse endlos (weckbar) zu sein, und zweitens müssen sie (wenn sie dann schon geweckt sind) auch sofort befriedigt werden. Zusammen mit der Tatsache, dass im Lande des Kapitalismus vielen Leuten selbst die elementarsten Zusammenhänge zwischen Sparen, Schulden und Zinsen nicht geläufig sind (oder – who cares?), führt dies zu endlosem Konsum. Man achtet dabei weder auf die Qualität der gekauften Produkte noch auf die eigentlichen Bedürfnisse. Kein anderes Land hat eine so hohe Konsumquote und gleichzeitig shoppingmäßige Ungeduld wie die USA. Mehr ist besser als weniger, heute ist besser als morgen. Auch scheint es für viele Leute unmöglich zu sein, Geld, das man hat (oder via Kredit bekommen kann), nicht auszugeben.

Kein Wunder bleiben mehrere Dutzend Millionen Amerikaner in einer unglücklichen Schuldenspirale gefangen. Zuerst kaufen sie Produkte auf Kredit, die sie nicht brauchen oder die sehr schnell wertlos sind. Sehr oft bezahlen sie dabei einen hohen Preis, da sie entweder auf dubiose Marketing-Tricks reinfallen oder schlichtweg zu faul sind, Vergleiche anzustellen (das würde zu lange dauern). Wenn die Schulden und damit die Zins- und Tilgungszahlungen wachsen, bleibt immer weniger zum Leben übrig. Kommt jetzt noch eine unvorhergesehene Ausgabe hinzu, ist schlichtweg kein Geld vorhanden. Gleichzeitig sinkt ihr »Credit Score« (ihr Kreditrating), womit die Zinsen automatisch höher werden und neue Kredite nur noch zu schlechteren Bedingungen erhältlich sind.

Erstaunlicherweise sieht man dieses Verhalten quer durch alle sozioökonomischen Schichten. Auch gutsituierte Mittelklassefamilien gehen in einer naiven Weise finanziell ständig ans Limit, haben keine Ersparnisse und verschulden sich bis zur Schmerzgrenze. Kommt dann irgendwann eine Erbschaft oder sonst ein unerwarteter Geldzufluss, werden die teuren Kreditkarten-Schulden zurückbezahlt und man gelobt, von jetzt an finanziell verantwortungsvoller zu handeln. Der Vorsatz löst sich aber sehr bald auf (»Aah, jetzt können wir uns endlich das neue Elektroauto leisten!«), und nach einem Jahr stecken sie wieder in der alten, problematischen Situation.

Wie so oft sind die USA ein Eldorado für diejenigen, die clever genug sind, das System zu durchschauen, und gleichzeitig diszipliniert genug, nicht in die Konsum- und Schuldensucht zu verfallen. Mit Preisvergleichen und etwas Geduld kann man sehr oft beim Kauf hohe Rabatte herausholen, vor allem wenn man liquide ist. Und wenn man die Monatsrechnung der Kreditkarten jeweils komplett und pünktlich zurückbezahlt, verbessert sich das Kreditrating und man bekommt alle möglichen zusätzlichen Kreditkarten verschiedenster Anbieter aufgedrängt. Als Anreiz, diese auch zu bestellen, werden einem Zückerchen offeriert: Flugmeilen für einen Transatlantikflug oder Gratisübernachtungen in Hotelketten.

Kreislauf des Geldes – Philanthropie

Warren Buffett, mit einem geschätzten Vermögen von über 80 Milliarden Dollar einer der reichsten Männer weltweit, verkündete vor einiger Zeit, dass 99 % seines Reichtums spätestens bei seinem Tod für wohltätige Zwecke gespendet würden. Gleichzeitig rief er weitere Super-Vermögende auf, es ihm gleichzutun. Der sogenannte Giving Pledge war geboren, und bis heute haben sich mehr als 200 ultrareiche Personen und Familien angeschlossen.

Das ist eine noble Geste. Und dazu ein klassisches Element des amerikanischen Kapitalismus. Ist man erst mal reich, spendet man großzügig und prominent für Kunst, Forschung, zur Bekämpfung der Armut und für viele mögliche und unmögliche wohltätige Zwecke. Philanthropie pur, und es gibt wohl kein Museum, keine Universität und keine gemeinnützige Institution, die nicht professionelle, ausgebildete »Fundraiser« angestellt hat. Diese suchen potentielle Spender, um sie zu einer »Donation« zu motivieren.

Mit der Philanthropie schließt sich auch ein Kreislauf, der völlig anders als das gesellschaftliche Modell Europas verläuft.

Man gründet eine Firma, die mit etwas Glück und aus irgendwelchen Gründen erfolgreich und noch erfolgreicher wird. Man rationalisiert die Abläufe, senkt die Kosten, drückt die Löhne und optimiert Steuern (sprich: man zahlt praktisch keine mehr – Starbucks, Amazon, Nike, Apple und viele andere lassen grüßen).

Die dadurch erzielten Gewinne verhelfen den Firmenbesitzern zu immensem Reichtum, was es ihnen ermöglicht, nachher als großzügige Gönner und Mäzene im Scheinwerferlicht zu stehen. Aber hätte die Geschichte nicht von Anfang an anders aufgegleist werden können? Schon früher höhere (Mindest-)Löhne zahlen und anständige Sozialleistungen entrichten? Einen angemessenen Anteil an die Staatsausgaben beisteuern? Dafür später etwas weniger Rampenlicht und Philanthropie?

Nun ja, die Medienwirkung wäre natürlich niemals dieselbe. Im Lande des Marketings und der Selbstdarstellung ist es immer besser, doppelt positiv präsentiert zu werden: als erfolgreicher Unternehmer, und dann als generöser Philanthrop. Der gute Mensch schlechthin.

Interessanterweise war Anfang des 20. Jahrhunderts Philanthropie noch auf breiter Front verpönt. Die großen Industriellenfamilien wie die Carnegies und Rockefellers hatten Reichtum angehäuft, welcher alle damaligen Vorstellungen der Bevölkerung sprengte. Die Meinung, wonach ihr Vermögen auf dem Buckel von schlechtbezahlten Arbeitern und unterdrückten Gewerkschaften beruhte, war weit verbreitet. Selbst Präsidenten wie Taft oder Roosevelt waren dagegen, dass Rockefeller eine 100 Millionen-Dollar-Stiftung gründen durfte. Sie fanden, dass die Familie damit »eine weitere, andere Macht über das öffentliche Leben« ausüben würde.

Einige Jahrzehnte später war von dieser kritischen Haltung nichts mehr zu spüren. Es begann die große Zeit der Spenden, die mehr oder weniger ungefragt angenommen wurden. 1979 schrieb der damalige Präsident von Harvard, dass eine Universität auch »schmutziges Geld akzeptieren sollte, da sie zweifellos mehr gute und konstruktive Dinge damit tun kann, als wenn das Geld dem Spender belassen würde. Und auch wenn man Gebäude und Räumlichkeiten nach dem Gönner benennt, ist das lediglich eine Bestätigung, woher das Geld kommt, aber keine Anerkennung seines moralischen Charakters«. Kein Wunder tragen heute im ganzen Land Klassenzimmer, Ausstellungsräume, Gebäude, Business Schools, Museen etc. die Namen von Spendern, als Gegenleistung für entsprechende finanzielle Zuwendungen.

Erst in letzter Zeit fing man an, dieses System zu hinterfragen. Der College-Admission-Skandal, in welchem reiche Eltern ihren Kindern den Zugang zu prestigeträchtigen Colleges »erkauften«, war nur der Anfang. Als ruchbar wurde, dass zum Beispiel Jeffrey Epstein, ein prominenter Financier (für Sexualdelikte verurteilt und Menschenhandel angeklagt, in Untersuchungshaft unter dubiosen Umständen gestorben), Millionen an Universitäten vergeben hatte, oder dass die Familie Sackler, die Besitzer von Purdue Pharma (und dank breit vermarkteten Opioiden schwerreich geworden), mit Milliardenspenden ganze Forschungszentren gesponsert hatten, war die Aufregung groß.

Es gärt, zumindest in diesem Teil des guten, alten Kapitalismus. Und die Frage, wieweit die Maxime von »werde reich und spende später« in Zukunft noch gilt, wird sich zeigen.

Reichtum-Armut-Ungleichheit

In den ehemals kommunistischen Ostblockländern kursierte der folgende Satz in der einen oder anderen Form: »Kommunismus ist gut, aber nicht für alle ...« In den USA galt bezüglich des Kapitalismus amerikanischer Prägung immer, dass er für alle gut sei, wenn auch vielleicht nicht für alle *gleich* gut. »A rising tide lifts all the boats« (Die Flut hebt alle Boote), pflegte man zu sagen. Ein politischer Slogan, der vor allem dann benutzt wurde, wenn es darum ging, mit wirtschaftlichen Maßnahmen wie zum Beispiel Steuersenkungen die Reichen zu bevorzugen.

Seit der Jahrtausendwende steigen in den USA nachweisbar nicht mehr alle Boote, obwohl die Wirtschaft wächst. Statistisch hat die Ungleichheit eindeutig zugenommen. Der World Inequality Report von 2018 kommt zu dem Schluss, dass die reichsten 1 % der U.S.-Bevölkerung heute ca. 40 % des Vermögens besitzen (entspricht ungefähr der Verteilung von 1920).

Auf der weniger privilegierten Seite zeigt sich die Situation etwas anders. In einer jährlich erscheinenden Studie zum wirtschaftlichen Wohlergehen der Haushalte sorgt jeweils die folgende Frage für Schlagzeilen: »Wenn Sie mit einer unerwarteten Ausgabe von 400 Dollar konfrontiert würden, wie könnten sie diese begleichen?« In der Umfrage vom Sommer 2019 antworteten 39 % der Befragten, dass sie nicht in der Lage wären, die 400 Dollar mit vorhandenem Cash oder aus eigenen Ersparnissen zu bezahlen.

Parallel dazu zeigt sich, dass eine immer breitere Schicht schlichtweg vom Kapitalismus »zurückgelassen« wird. Angus Deaton, einer der bekanntesten Armutsforscher (er lehrt an der Princeton University und erhielt 2015 den Wirtschaftsnobelpreis), kam in einer detaillierten wissenschaftlichen Studie, die er zusammen mit seiner Forscherkollegin und Frau, Anne Case, verfasst hat, zu einem gnadenlosen Urteil: Amerikas Kapitalismus funktioniert für einen Teil der Gesellschaft nicht mehr, der amerikanische Traum ist auf breiter Front angegriffen.

Die Studie mit dem Titel »Deaths of Despair and the Future of Capitalism« (»Tod durch Verzweiflung und die Zukunft des Kapitalismus«) zeigt eine für ein entwickeltes Industrieland wie die USA besorgniserregende Entwicklung: Die Lebenserwartung hat in den letzten Jahren abgenommen. Mit knapp 79 Jahren liegt sie fast fünf Jahre niedriger als in der Schweiz. Die Forscher untersuchten auch die Gründe dafür und nennen deren drei: Suizide, Todesfälle durch Alkohol- und Drogenmissbrauch, sowie die weitverbreitete Fettleibigkeit.

Auch zeigen sie auf, dass vor allem diejenigen 30 % der Bevölkerung betroffen sind, die höchstens einen High-School-Abschluss haben, also nie ein College besuchten. Für diese sind die Reallöhne seit Jahrzehnten nicht mehr gestiegen, und sie finden immer weniger Arbeitsplätze in der Industrie. Als Alternative bleiben ihnen nur ausgelagerte Dienstleistungsjobs, welche schlecht bezahlt sind, oft keine »Benefits« beinhalten, und die es ihnen nicht erlauben, an Firmenanlässen und anderen sozialen Events teilzunehmen (da sie über eine Drittfirma angestellt sind). Sie sind nirgends integriert, vereinsamen, werden zu Außenseitern, sind kein gutes »Marriage Material« mehr, greifen zu Alkohol und Drogen. Vor allem arbeitslose Männer nehmen häufig Schmerzmittel, meist Opioide, welche großzügigst verschrieben werden und dann rasch süchtig machen.

Just do it ... and fix it

Start before you are ready

> »*Don't be afraid of perfection, you will never reach it!*«
> Salvador Dalí

Ein deutsches und ein amerikanisches Unternehmen starten zur gleichen Zeit, aber unabhängig voneinander, mit der Entwicklung eines ähnlichen Produktes. Das amerikanische Team wird als Erstes von oben einen Projekt-/Zeitplan vorgesetzt bekommen, in welchem das (knappe) Enddatum klar festgelegt ist. In kurzer Zeit wird ein erster Entwurf entwickelt und dem Management vorgesetzt. Dieses ordnet an, ein paar grobe Unzulänglichkeiten zu beheben, drängt aber auf die Einhaltung des vorgegebenen Abgabetermins, weil dann die Vermarktung starten muss. In großer Eile wird das Produkt fertiggestellt und alsbald eine erste Version auf den Markt gebracht. Diverse Dinge funktionieren noch nicht so, wie sie sollten, aber schließlich wird man ja von den ersten Käufern Feedbacks (oder Reklamationen) erhalten. Zusammen mit einer massiven Marketingkampagne wird bald darauf eine verbesserte Version nachgeschoben. Noch einmal Feedbacks, nochmals eine Verbesserungsrunde, und schließlich steht ein einigermaßen zufriedenstellendes Produkt zur Verfügung.

Im Projektplan des deutschen Teams war nicht das Enddatum das Wichtigste, sondern das Endprodukt. Die Spezifikationen sind auf Qualität ausgelegt, und die Ingenieure diskutieren lange, wie man den gewünschten Perfektionsgrad erreichen kann. Außerdem machen sie dem Management klar, dass alles länger dauern wird als vorgesehen. Wenn die Amerikaner ihre erste halbfertige Version auf den Markt werfen, streitet man sich im deutschen Team immer noch über Konstruktionsdetails. Schließlich liegt ein interner Produktentwurf vor, welcher genauestens analysiert und auf Schwachstellen untersucht wird. Man ist sich einig, dass die Qualität noch nicht genügt und man weitere Modifikationen vornehmen muss (in der Zwischenzeit ist in den USA bereits die verbesserte Version auf dem Markt). Nach einer weiteren Entwicklungsrunde liegt endlich das deutsche Produkt vor. Durchdachtes Konzept, hohe Qualität, aber: Die Amerikaner haben den Markt schon breit besetzt.

Nun kommt der Wettbewerb zwischen den zwei Produkten in Gang. Die amerikanische Firma stellt eines der großen Consulting-Unternehmen an, um sich beraten zu lassen. Zwei Optionen werden diskutiert: Erstens ein Investment von 50 Millionen Dollar, um die Produktqualität zu verbessern. Oder alternativ: Eine 20 Millionen Dollar teure Marketingkampagne, um die Stärken hervorzuheben. Die amerikanische Firma entscheidet sich einstimmig für die Marketingkampagne (das ist ja auch billiger und schließlich die amerikanische Kernkompetenz). Auf der anderen Seite des Atlantiks wundern sich die Ingenieure, weshalb es ihr qualitativ weit überlegenes Produkt so schwer hat, neben der amerikanischen Konkurrenz zu bestehen. Die deutschen Consultants empfehlen, die Produktion zu optimieren, um den Preis etwas reduzieren zu können.

»Start before you are ready« ist für viele Europäer ein etwas seltsames Konzept, aber Alltag für amerikanische Entrepreneurs. Egal wie unausgegoren die erste Beta-Version eines Produktes (oder heute einer App) ist, raus auf den Markt mit ihr. Geschwindigkeit ist entscheidend: »Do it now and fix it later«. Der ideale Zeitpunkt kommt nie, die größten Feinde des Erfolges sind Zögern, Zweifeln, Abwarten. »Why waste another moment? Today is an ideal day to begin«. Das Telefon kam schließlich auch auf den Markt, bevor die Leute wussten, was sie damit anfangen sollten. Genauso waren die ersten Versionen von Facebook, LinkedIn oder Instagram aus heutiger Sicht ziemlich nutz- und witzlos … und siehe da!

Hohe Qualitätsansprüche sind nicht das Ding der USA. Sehr oft gilt, dass 90 % Perfektion absolut ausreichen und es sich einfach nicht lohnt (weder finanziell noch intellektuell), in die letzten 10 % noch viel zu investieren. Man lässt die Dinge laufen, bis etwas nicht mehr funktioniert, und richtet es dann.

Oder wie es eine Trainerin in einem Crosscultural Seminar für neu in die USA transferierte Manager auf den Punkt brachte: »Wir hier würden nie einen Mercedes oder BWM bauen. Solch genaue Detail- und Qualitätsarbeit überlassen wir den Deutschen.« »We are doers, not thinkers!«

Entrepreneurship

> »*An entrepreneur is someone who jumps off a cliff and builds a plane on the way down.*«
> **Reid Hoffman, LinkedIn Founder and Entrepreneur**

Vor 100 Jahren waren es vor allem mechanische und elektrische Geräte, die (zuerst) in den USA entwickelt und gebaut wurden: Autos, Radios, Fernseher, Staubsauger, Waschmaschinen etc. In den 70er und 80er Jahren des letzten Jahrhunderts kamen dann Finanzprodukte dazu: Anlagefonds und Hedge Funds verschiedenster Couleur, Derivate, Portfolioinstrumente, und alle möglichen Kombinationen derselben. Gleichzeitig startete der Siegeszug des Computers. Von kalifornischen Garagen aus begannen Hard- und Software, die Welt zu erobern. Das Internet verbreitete sich kurz danach ebenfalls von Amerika aus (obwohl eigentlich am CERN in Genf von einem Engländer »erfunden«), genauso wie die Mobiltelefone, gefolgt von digitalen Musikplayern, Smartphones, Tablets oder neuen technischen Standards für Ton und Video. Um die Weiterentwicklung und Verbesserung der altmodischen und technisch veralteten Haushaltgeräte oder der »gas-guzzling« Autos jedoch kümmerte sich niemand mehr.

Aus dem Web 1.0 wurde 2.0, dann 3.0 und bald beginnt das Web 4.0-Zeitalter. Googles Suchmaschine, Amazon, Netflix, soziale Medien wie Facebook, Twitter, Instagram, LinkedIn, Tinder und wie sie alle heißen …, alles made in the USA (und fast immer in »creative California«, wo denn sonst?). Und heute versuchen mehr als 1000 Start-ups pro Tag, also fast eine halbe Million neuer Unternehmen pro Jahr, ihr Glück und träumen den amerikanischen Traum vom großen Erfolg.

Die USA galten seit jeher als das »Land of Opportunity«, in welchem jeder, der wirklich wollte, es auch zu Erfolg, Wohlstand oder gar Reichtum bringen konnte. Die amerikanische Gesellschaft hat auch heute noch eine Mentalität, die für unternehmerische Abenteuer einmalig fruchtbar ist. Zuerst einmal ist es sicher die Akzeptanz, dass Risiken ein normaler Teil des Lebens sind und dass man sich nicht gegen alles ab- und versichern kann. »Nothing ventured, nothing gained«, heißt es gemeinhin. Und wenn etwas schiefläuft, dann kann man das, wie Forrest Gump es in dem gleichnamigen Film vorzeigt, mit »Shit Happens« abtun und weitermachen (oder in Forrests Fall weiterrennen).

Ebenso wichtig ist die Toleranz gegenüber dem Scheitern. Während oftmals in europäischen Ländern die Gesellschaft nicht vergisst (und man sich noch Generationen später an Fehler und Niederlagen der Vorfahren erinnert), wird in den USA die Vergangenheit locker mit einem Schulterzucken abgetan: »Who cares …?« Scheitert man mit einer Geschäftsidee oder einem Unternehmen, wird man das im Lebenslauf ganz zuoberst aufführen, gewissermaßen als Beweis, dass man es zumindest versucht und etwas daraus gelernt hat.

Just do it ... and fix it

Wenn eine Gesellschaft das Eingehen von Risiken unterstützt und das Scheitern erlaubt, dann muss sie zwangsläufig auch Regeln haben, die es ermöglichen, nach Niederlagen wieder auf die Beine zu kommen und – eben – die Vergangenheit zu vergessen. Die entsprechende rechtliche Umsetzung im amerikanischen Gesetz ist denn auch konsequent. Die sogenannten Bankruptcy Laws (Konkursgesetze) wurden im Bewusstsein verfasst, dass in einer kapitalistischen Gesellschaft sowohl Privatpersonen als auch Unternehmen eine zweite Chance, eine »second chance«, verdienen. Und dies unabhängig davon, ob falsche Entscheidungen oder einfach Pech für das Scheitern verantwortlich waren. So ist beispielsweise nach einem Privatkonkurs nach spätestens sieben bzw. zehn Jahren (je nach Art des Konkurses) die Vergangenheit »gelöscht« und taucht in keinem Credit Report mehr auf (wie heißt es doch so schön: »Capitalism without bankruptcy is like Christianity without hell«).

Noch wohlwollender ist das amerikanische Konkursgesetz für Unternehmen. Das sogenannte Chapter-11-Verfahren erlaubt es, eine Firma während einer beschränkten Zeit (meistens etwa zwei Jahre) vor den Gläubigern zu schützen, um sich zu reorganisieren. Während dieser Zeit wacht ein Konkursgericht über die Verhandlungen mit Arbeitnehmern, Gewerkschaften, Eigentümern, Kunden, Lieferanten etc. und entscheidet am Schluss über einen Konkursplan. In den allermeisten Fällen wird das Unternehmen danach, entschlackt und von Ballast befreit, wieder auferstehen. So gingen in den Jahren nach dem 11. September 2001, als die Luftfahrtindustrie schwierige Zeiten durchlebte, fast alle großen amerikanischen Airlines durch dieses Chapter-11-Verfahren. Weder gab es Groundings noch nennenswerte Unterbrechungen im Flugplan, und nach einigen Jahren ging die Airline-Industrie als Ganze gestärkt und erfolgreich aus den Turbulenzen hervor (außer dass danach vielleicht billigere Peanuts serviert wurden).

Zum Vergleich: Das Swissair Grounding fand 2001 statt, und die Gesellschaft wurde gemäß dem schweizerischen Konkursrecht liquidiert. Bis heute (Stand 2020) ist die Liquidation noch nicht abgeschlossen, und die Gläubiger (darunter auch wir) erhalten immer noch tröpfchenweise Abschlagszahlungen.

In den letzten zehn Jahren hat sich die Entrepreneurship-Kultur in den USA nochmals neu akzentuiert. Heute nennt sich eine neugegründete Firma »Start-up«, und vor allem die seit dem Auftauchen der Smartphones sich lawinenartig verbreitenden Apps sind die Treiber einer veritablen »Start-up-Kultur«. Wollten früher Absolventen der Top-Universitäten noch bei Banken oder Consulting-Unternehmen arbeiten, ist heute die eigene Firma Maß aller Dinge, vielleicht sogar schon bevor man das Abschlussdiplom in der Hand hat. »Digital« und »Technology« heißen die Zauberworte, und im Finanz-, Gesundheits- und vielen anderen Bereichen sind Jungunternehmen voll daran, etablierte, aber schwerfällig gewordene Großkonzerne herauszufordern.

Start-ups finanzieren sich in der Regel mit sogenanntem Venture Capital (Risikokapital). Auch dieser Bereich ist in den USA schon lange institutionalisiert, und in kaum einem anderen Land ist die Bereitschaft, in Jungunternehmen zu investieren, größer. TV-Shows wie »Sharktank« (etwa mit Haifischbecken zu übersetzen) zeigen, wie angehende Jungunternehmer ihre Geschäftsidee vorstellen und sie von erfahrenen Venture Capitalists kritisch analysieren lassen. Immer in der Hoffnung, Kapital zu erhalten, um die Idee weiterentwickeln zu können, zumindest bis zur nächsten Finanzierungsrunde. Die Venture-Kapitalgeber wissen dabei wohl, dass sie den Erfolg oder Misserfolg eines Start-ups nicht wirklich vorhersagen können. Sie setzen darauf, dass von vielleicht zwanzig Investitionen mindestens ein paar wenige profitabel werden, und – mit etwas Glück – vielleicht sogar ein nächstes Facebook oder Google darunter ist.

Während Silicon Valley und die Gegend um San Francisco mit ihren berühmt gewordenen Firmen legendär für Start-ups sind, existieren landesweit nur wenige andere Schwerpunkt-Regionen. Diese Konzentration auf wenige Städte und Staaten ist eine

Folge davon, dass die heutigen Start-ups dorthin gehen, wo das entsprechende »Ecosystem« vorhanden ist: gute Universitäten, digital ausgebildete Arbeitskräfte, große Firmen und erfolgreiche ehemalige Start-ups.

Build it and they will come

> »*They did not know it was impossible, so they did it.*«
> Mark Twain

Atlanta, die sogenannte Hauptstadt des Südens (»Capital of the South«), ist eine der zehn größten »Metropolitan Areas« der USA, in etwa gleich groß wie Washington, Miami oder Philadelphia. In den letzten Jahrzehnten wurden die Stadt und ihre Umgebung zu einem Anziehungspunkt für Firmen und Menschen – das Wachstum ist bemerkenswert.

Atlanta ist – falls überhaupt – bekannt dafür, dass die Stadt im Civil War eine unrühmliche Rolle spielte und am Ende von General Sherman niedergebrannt wurde, dass Coca Cola von Atlanta aus seinen Siegeszug um die Welt angetreten hat, dass der berühmte Roman »Vom Winde verweht« in Atlanta spielt oder dass CNN dort gegründet wurde. Aber Atlanta hat kaum touristische Sehenswürdigkeiten, sein Downtown ist nur noch ein Schatten vergangener Zeiten, und als weit auseinandergezogene Stadt, bestehend aus verschiedenen »Inseln«, ist man stets auf ein Auto angewiesen.

Aber: Atlanta hat den amerikanischen Slogan »Build it and they will come« einmalig konsequent verfolgt. In der Stadtregierung war man sich immer bewusst, dass ein großer, vernetzter, gut funktionierender Flughafen entscheidend ist, um Firmen und Menschen anzulocken. Schon in den fünfziger Jahren galt Atlanta zeitweise als derjenige Flughafen mit den meisten Passagierbeförderungen. Aber man ruhte sich nie auf den Loorbeeren aus (eigentlich ziemlich untypisch für den U.S. Süden), sondern baute konsequent weiter: riesige Erweiterung Ende der siebziger Jahre mit vier parallelen Pisten; neuer internationaler Terminal 1994, gerade rechtzeitig für die Olympischen Spiele; Piste Nr. 5 wurde 2001 errichtet, womit gleichzeitig drei Flugzeuge landen und zwei starten konnten; 2015 erster Flughafen weltweit, der über 100 Millionen Passagiere im Jahr beförderte. Und nun verspricht ein Masterplan für die nächsten 20 Jahre weitere riesige Investitionen. Kein Wunder gilt im Süden der Slogan: »When you die, whether you're going to heaven or hell, you will have to connect through Atlanta«.

Das zweite wichtige Element in der Stadtentwicklung waren die Olympischen Spiele, welche die Stadt im Jahre 1996 höchst erfolgreich durchführte. Die Kandidatur war innerhalb des amerikanischen Olympischen Komitees umstritten, und Atlanta ging schließlich als klarer Außenseiter in das Finale um die Zuteilung. Für die Stadt aber war es ein absolut zentrales Projekt, das breite Unterstützung genoss und minutiös vorbereitet wurde. Zur allgemeinen Überraschung erhielt die Stadt am Ende den Zuschlag, wobei sich bis heute verschiedene Legenden und Verschwörungstheorien darum ranken, was wohl alles im Hintergrund orchestriert worden sei. Einerseits wurde kolportiert, dass Coca Cola massiv bei den entscheidenden Stellen lobbyiert, insistiert und sonstwie nachgeholfen habe. Andererseits beschuldigte das deutsche Nachrichtenmagazin »Der Spiegel« das Atlanta-Organisationskomitee unverblümt der Bestechung von IOC-Funktionären, und spekulierte sogar über Beträge und Begünstigte (als ehemalige Atlantaner würde uns diese Variante tatsächlich nicht sonderlich erstaunen).

Wie auch immer es gewesen sein mag, sicher war eine Portion Schlitzohrigkeit von Seiten Atlantas dabei. Aber man zählte auf die Magnetwirkung der Spiele und ließ auch gar nichts aus, um den Zuschlag zu erhalten. Billy Paine, der damalige Präsident des Atlanta-Organisationskomitees, verteidigte das Vorgehen im Nachhinein so (man muss sich den nachfolgenden Satz auf der Zunge zergehen lassen, da war die Kommunikationsabteilung in absoluter Hochform): »Atlanta's bidding effort included excessive actions, even thought processes, that today seem inappropriate but, at the time, reflected the prevailing practices in the selection process and an extremely competitive environment.« – »Atlanta's Bemühungen im Rahmen der Kandidatur beinhalteten auch extreme Maßnahmen und Überlegungen, die heute eher unangebracht erscheinen mögen. In der damaligen Zeit entsprachen sie aber den üblichen Methoden während des Auswahlverfahrens, und dies in einem extrem kompetitiven Umfeld.« – Da kann man nur sagen: »Hmm, well done, Billy, und Glück gehabt, Atlanta.«

Und die Moral von der Geschichte: Erstens, man muss etwas tun, damit nachher etwas läuft. Oder eben: »Build it and they will come«. Die ständige Weiterentwicklung des Flughafens machte Atlanta zu einem »Business Hub«, was zu einem andauernden starken Wachstum führte. Die Olympischen Spiele generierten hohe Investitionen in die Infrastruktur, von einer (zwar einfachen, aber einige der wichtigsten Punkte verbindenden) Subway über eine Sportarena bis hin zu künftigen Wohnungen für Studierende.

Zweitens, wenn man die großen Entscheidungen richtig fällt, dann kann man in den kleinen durchaus etwas nachlässiger sein. In Atlanta laufen viele Dinge nicht ganz rund, schließlich ist es eine Südstaaten-Stadt mit einer eher problematischen Vergangenheit und nach wie vor nicht immer gefestigten Strukturen. Korruption, Segregation, politische Mauscheleien, Begünstigungen, ungelöste Verbrechen, all das gehört auch dazu. Für Atlanta sind das untergeordnete Probleme, solange die großen Züge stimmen. »We built it and they came!«

Fake it till you make it

> »Benimm Dich, als wärest Du bereits ein reicher Mann, und Du wirst bestimmt reich werden. Benimm Dich, als hättest Du unbegrenztes Selbstvertrauen, und die Leute werden Dir garantiert vertrauen. Benimm Dich, als hättest Du unübertroffene Erfahrung, und die Leute werden Deine Ratschläge befolgen. Benimm Dich, als hättest Du bereits riesigen Erfolg, und, so sicher, wie ich hier stehe, Du wirst erfolgreich sein.«
> Jordan Belfort, The Wolf of Wall Street (Movie 2013)

Optimismus zur Schau stellen, Selbstvertrauen zeigen, Kompetenzen signalisieren, an alles Machbare und Unmachbare glauben, Hindernisse umgehen, sich nach dem Scheitern wieder aufrappeln ... das sind regelmäßig wiederkehrende Themen in der amerikanischen Gesellschaft. »Never give up« wird den Kids schon früh in der Schule eingetrichtert, genauso wie etwa »shoot for the moon, even if you miss it you will land among the stars« (unser damals noch kleiner Sohn empörte sich zwar über diesen Spruch, weil er die Aussage astrologisch unsinnig fand). Und fast alle Jugendlichen erinnern sich an die positive Botschaft der Eltern, wonach »you can do anything, you can be anything you want to be, as long as you believe in yourself and work hard«. Diese und ähnliche verbale Aufputschmittel tauchen auch später im Leben konsequent wieder auf. Sie werden von Verwandten, Lehrern, Vorgesetzten oder Talk Show Hosts repetiert, und fehlen garantiert nie in Werbespots, Erfolgsstorys, Motivationsprogrammen oder Selbsthilfebüchern.

In den letzten Jahrzehnten begann auch die Verhaltenspsychologie, diese Phänomene genauer zu analysieren. Amy Cuddy, eine Professorin an der Harvard University, machte einen klassischen Aphorismus der amerikanischen Sprache, »fake it till you make it«, zum Untersuchungsgegenstand: Kann man wirklich diese Eigenschaften durch das Vorgaukeln von Selbstsicherheit oder Optimismus trainieren und verinnerlichen? In ihren Untersuchungen zeigte Cuddy, dass das Einnehmen von sogenannten »Power Poses«, also weiträumigen, siegreichen Körperhaltungen à la »Wonder Woman«, während zwei Minuten vor einem wichtigen Event (wie einem Vorstellungsgespräch, einem Wettkampf, einer Rede) das Selbstbewusstsein steigern und stressbedingte Ängstlichkeit reduzieren kann.

Amy Cuddy wurde zum Star, »Power Posing« zum Hit und ihr Mantra entwickelte sich weiter zu »fake it till you become«. Ihr 2012 aufgenommener TedTalk mit dem Titel »Your body language may shape who you are« ist bis heute fast 60 Millionen Mal angeklickt worden und damit der zweiterfolgreichste TedTalk aller Zeiten. Im allgemeinen Hype stellte niemand, auch nicht Harvard, die Frage, ob denn da wirklich etwas Neues entdeckt wurde (vielleicht waren alle zu sehr damit beschäftigt, die Power Poses zu üben). War nicht das Thema Body Language seit jeher Teil von Schauspiel-, Yoga-, Körpertherapie-, Coaching- und unzähligen anderen Ausbildungen? Konnte es wirklich so einfach sein, Selbstsicherheit und -vertrauen aufzubauen?

Aber Cuddys Erkenntnisse, wie beispielsweise »if you act powerfully, you will begin to think powerfully«, passten eben perfekt in die amerikanische »can do«-Mentalität und lieferten eine, wenn auch geringe, wissenschaftliche Bestätigung, dass man wirklich alles kann, wenn man nur will. Eine simple, zweiminütige Übung genügt dazu. Und indirekt war es auch eine Bestätigung dafür, dass konstantes Lob und stetige positive Verstärkungen (auch wenn sie nicht gerechtfertigt sind) eben tatsächlich Hindernisse zu überwinden vermögen. Und es rechtfertigte erst noch die kaum mehr überblickbare Schwemme von Auszeichnungen, Awards, Trophäen, Medaillen, Zertifikaten etc., die in den USA selbst für nicht vorhandene oder marginalste Fähigkeiten und Begabungen verteilt werden (und im Keller oder Estrich vieler Amerikaner vor sich hinstauben).

In einer solchen Welt der permanenten Bauchpinselung wird aber die Selbsteinschätzung zum großen Problem: Ich bin stark, ich bin klug, ich kann alles, wenn ich will (und ich will ja immer). »I have worked so hard« ist zu einer allgemeinen leeren Jokerkarte geworden, die bei jeder möglichen Gelegenheit gezogen wird, in der Schule genauso wie am Arbeitsplatz. Und es führt dazu, dass man mit Kritik überhaupt nicht umgehen kann. Jede auch nur ansatzweise nicht-positive Bemerkung muss in Watte gepackt und mit mehreren Disclaimern versehen werden. Oder noch besser: Man vermeidet sie gleich von Anfang an.

Ironischerweise kamen Cuddy's Resultate in den letzten Jahren unter starken Beschuss. Nachdem andere Wissenschaftler ihre Studien nicht duplizieren konnten und anzweifelten, ob die Resultate wirklich valid seien, setzte ein ziemlich gehässiger Forschungsstreit ein, der den ganzen Wissenschaftszweig in der Sozialpsychologie beeinflusste. War Amy Cuddy vielleicht an ihrem eigenen Mantra gescheitert? Sie verließ Harvard 2017.

»Fake it till you make it« … Und sollte man es nie bis zu einem »make« bringen, also kein authentisches und echtes Verhalten demonstrieren können, dann wird man sein Können, seine Fähigkeiten, seine Schönheit, seine Selbstsicherheit eben weiterhin »fake«. Wohl ein großes Stück amerikanischer Realität …

You can have it (all)

Die lieben Prioritäten

> »Der Mensch, denn er opfert seine Gesundheit, um Geld zu machen. Dann opfert er sein Geld, um seine Gesundheit wiederzuerlangen. Und dann ist er so ängstlich wegen der Zukunft, dass er die Gegenwart nicht genießt; das Resultat ist, dass er nicht in der Gegenwart lebt; er lebt, als würde er nie sterben, und dann stirbt er und hat nie wirklich gelebt.«
> Dalai Lama

Vor mehr als 25 Jahren, damals in New York, und von außen flüchtig betrachtet, schien die Gleichberechtigung zwischen Mann und Frau bereits zu existieren: Beide Partner waren vollzeitig berufstätig, obwohl sie (kleine) Kinder hatten. Die USA schien jenes Rezept, das in so vielen europäischen Ländern noch fehlte, gefunden zu haben.

Bei näherem und vor allem längerem Betrachten sah das Bild jedoch etwas verzerrter aus. Es fiel auf, dass die hellhäutigen Kinder von einer dunkelhäutigen Nanny im Kinderwagen geschoben wurden. Auch waren unerfahrene Immigrantinnen mit spärlichen Sprachkenntnissen bei Familien angestellt und übernahmen für einen tiefen Lohn die Erziehung. Und das in den prägenden (Sprachentwicklungs-)Jahren der Kinder.

Wer aber kümmerte sich um die Kinder der Angestellten, während sie den fremden Kindern in ihren mit Spielsachen übersäten Zimmern die Nase putzten? Wer kümmerte sich um die Kinder der Nannys? Während sie die Kids der Mittel- und Oberschicht betreuten, blieben ihre eigenen auf sich selbst gestellt oder wurden so nebenbei von Verwandten oder Nachbarn beaufsichtigt. Ihre Löhne reichten nicht aus, um eine anständige Betreuung, einen Kinderhort oder ein After-School-Programm zu bezahlen.

Spätestens an dieser Stelle tun sich Gerechtigkeitsgräben auf, und die Idee des »you can have it all« provoziert Fragezeichen. Am System hat sich bis heute nicht viel geändert, möchte man Beruf, Karriere, Kinder und Hunde unter einen Hut bringen.

Die meisten amerikanischen Eltern nehmen ohne weiteres lange und zeitaufwendige Arbeitswege auf sich, wenn der Lohn stimmt. »Make a lot of money« ist die höchste Auszeichnung, und dafür nimmt man in Kauf, dass man weit pendeln, immer wieder geschäftlich verreisen und überdurchschnittlich viele Stunden im Büro verbringen muss. Wenn die Eltern dann abends spät nach Hause kommen, ist die Zeit mit ihren Kindern beschränkt, denn diese müssen ja früh schlafen gehen.

Es wird konstant be- und geurteilt, welche Aktivitäten ökonomisch sinnvoll sind und welche weniger. Das Kochen des Abendessens steht bestimmt nicht oben auf dieser Prioritätenliste. Dafür existieren all die Take-outs und Fertigprodukte (nirgendwo auf der Welt war wohl so viel Potential für all die Food Delivery/Meal Services Companies und Apps vorhanden!). Gespräche und Diskussionen am Familientisch (gibt's überhaupt einen?) auch nicht, genauso wenig wie das Helfen bei den Schulaufgaben. Nachhilfestunden sind günstig zu erhalten, und die eigene Schulzeit liegt schon weit zurück (außerdem weiß man, dass die junge Schülerin von nebenan viel smarter ist). Das Saubermachen und, je nach Budget, auch die Wäsche erledigen werden an eine Cleaning Lady delegiert. Wenn etwas kaputt geht, wird es weggeworfen und ein neuer Ersatz gekauft (why bother?), denn die Reparatur kostet Zeit und Geld (falls jemand überhaupt noch fähig ist zu reparieren). Und das Einkaufen ... na ja, die App macht es möglich: Seit Amazon den »gesunden« Lebensmittel-Riesen »Whole Foods« aufgekauft hat, kann man in bestimmten Regionen innerhalb von zwei Stunden alles ins Haus geliefert bekommen. Unnötig zu erwähnen, dass gestresste »Shoppers« einem für einen Hungerlohn die vollen Einkaufstaschen vor der Haustüre in die Hand drücken.

Trotz aller Hilfe und allen Heinzelmännchen sieht es jedoch in vielen Familien weiterhin eher chaotisch aus. Ordnung, Struktur, Ästhetik bleiben sekundär. Laut einer Radioreportage würden viele Amerikaner eine Woche lang in ihrem Auto überleben können, wären sie darin eingeschneit oder festgehalten. Unzählige Essensreste, angebrochene Getränkeflaschen und Kleider für alle Temperaturen – alles ist vorhanden im Car-Hilton. Die Idee von einem »Neat and Nurturing Home« findet höchstens Platz in teuren Zeitschriften und Werbekatalogen.

Verzichten ist ein Verb, das bestimmt nicht ins »American Dream«-Mindset gehört. Karriere in beliebigem Ausmaß plus Familie stehen einem zu, und über die Anzahl der Kinder und der dazugehörenden Haustiere muss gar nicht erst nachgedacht werden. Das Delegieren der zahlreichen Aufgaben ist bei vielen Familien ein Organisationsjob per se. Und lieber steht man permanent unter Strom, opfert Zeit, Gesundheit und Beziehungen dem großen Geld und vernachlässigt dadurch Dinge, die man später plötzlich korrigieren muss:

Ah, der Sohn (wie alt ist er überhaupt?) macht Probleme und wird wegen Drogenbesitz verhaftet. Na ja, man hat ja genug Geld verdient: Eine Privatschule oder eine Auszeit in einem superteuren Camp in der Prärie werden ihn wieder »on track« bringen.

Man fühlt sich lustlos und ausgebrannt: Der Arzt empfiehlt Bewegung und Sport. Man rennt in die Arme eines »Personal Trainers«, engagiert eine Yogalehrerin für Privatstunden (die Welt sieht viel interessanter aus im Kopfstand), man liest Bücher zum Thema »Simplify your life« und stürzt sich in ein um 180 Grad anderes Leben (wer wird wohl dabei auf der Strecke bleiben?).

Die Beziehung ist aus den Fugen geraten, man hat jahrelang aneinander vorbeigelebt. Der Marriage Counselor wird herbeigezogen und, falls es nichts nützt, der Scheidungsanwalt (hmm ... ist die Yogalehrerin wohl single?).

Traurigkeit, Unwohlsein, Leere schleichen sich heran. Wegen Depressionen besucht man den Arzt. Hat man denn das Leben einfach vorbeiziehen lassen? Hat man überhaupt gelebt?

Der vielsagende Ausdruck »Quality Time« wurde in diesem Land kreiert und sowohl in den Familien-Wortschatz als auch in den Kalender eingebaut. Hat man diese »Quality Time« etwa zu knapp bemessen?

Na ja, bei allem Glauben, dass man gleichzeitig alles haben und erreichen kann – es kann nicht daran gerüttelt werden, dass der Tag auch auf dieser Seite der Erdkugel nur 24 Stunden hat.

Skripts fürs Leben

Die großen Züge des amerikanischen Lebens sind erstaunlich durchgetaktet. Viele Dinge und Ereignisse im Jahres- und Lebensablauf sind klar definiert, Verhaltensweisen und Abläufe schön linear vorgegeben. Skripts fürs Leben eben.

Die allgegenwärtige Marketingmaschinerie wird nie müde, einen konstant an Events zu erinnern und mit Ideen und Vorschlägen zu füttern, die man befolgen kann, ohne viel nachdenken zu müssen. Zwar mögen diese, von außen betrachtet, als aufoktroyierte gesellschaftliche Regeln erscheinen, doch selten hat man das Gefühl, dass sie von der breiten Masse hinterfragt oder gar missachtet werden. Noch so gerne scheinen alle im positiven Gleichschritt mitzumarschieren.

Am Valentines Day beispielsweise werden herzförmige Schokoladen und Berge von Blumen verschenkt. Die Läden sind bereits Wochen zuvor damit überfüllt, die Preise höher als sonst. Karten für die Auserwählten dürfen natürlich nicht fehlen. Den Text muss man nicht etwa selber verfassen, das hat Hallmark bereits für einen druckreif vorfabriziert. Eine Unterschrift unter den kreativen (und hoffentlich fehlerfreien) Text genügt. Die Restaurants machen an diesem Abend den größten Umsatz des Jahres, und um Enttäuschungen zu vermeiden, muss man frühzeitig einen Tisch reservieren. Hat man keine Lust auf einen Restaurantbesuch (und das vorbereitete Herzmenü), kocht man ausnahmsweise zu Hause. So stellt man sich an diesem Abend in die sonst kaum benutzte Küche, bereitet ein Mahl nach Kochbuch oder heutzutage Online-Rezept zu (meistens Lachs – ist offenbar aphrodisierend) und serviert Champagner, auch wenn man normalerweise nur Coke oder Bier im Kühlschrank hat. Die Damen kaufen sich gerne rote Reizwäsche (nach einigen »Valentines Days« hat frau damit ein halbes Prostituierten-Outfit im Schrank) und erwarten dafür gerne ein wenig mehr als nur die erwähnten Schoggiherzchen oder langweiligen Rosen: Ein paar »Diamonds«, in irgendeiner Form verarbeitet, stehen ganz oben auf der Wunsch- und Erwartungsliste. Oder aber bei unverheirateten Paaren gar die entscheidende Frage: »Will you marry me?« Am nächsten Tag geht das Leben dann überall im normalen Takt weiter (außer dass vielleicht die Frauen ihre neuen Diamanten vorführen und da und dort Neid erwecken).

Oder man nehme das Superbowl Weekend, wohl das wichtigste Sportereignis des Landes. An diesem Sonntagnachmittag entscheidet sich, welches Team für ein Jahr der Football-Champion sein wird. Bereits zehn Tage vorher beginnen die Supermärkte, riesige Türme von Hauptnahrungsmitteln für die großen Partys aufzuschichten: Bier und nochmals Bier, Chips und Nachos, Salsa und Guacamole, Chickenwings und Ribs. Es ist der medienwirksamste Großanlass des Jahres mit den höchsten Preisen für Werbung und TV-Commercials, einer musikalischen Half-Time-Show bei Halbzeit, und läuft immer nach dem genau gleichen Muster ab. Und mehr als 100 Millionen schauen zu.

Bald darauf, am Saint Patrick's Day, wird wieder gefeiert, obwohl niemand wirklich weiß – nicht einmal die irgendwann mal eingewanderten Iren –, was dieser Tag genau bedeutet (er geht auf den Nationalheiligen Irlands, St. Patrick, zurück). Aber es ziehen sich alle grün an, sogar der Hudson River vor Manhattan wird grün gefärbt, und in den Läden sind viele Lebensmittel grün (nein, nicht nur Salate). Zu Trinken gibt es grüne Cocktails und natürlich Guiness oder Whiskey (dass beide nicht grün sind, verzeiht man hier).

Am Thanksgiving-Feiertag besuchen sich Familienangehörige gegenseitig. Bevor man den großen Turkey aufschneidet, spielt man (je nach Sportlichkeitsgrad) unter Umständen ein wenig Football oder aber sitzt ganz bestimmt (egal wie sportlich) vor dem Fernseher und schaut Football.

Zum Geburtstag darf man, nebst dem Geschenk natürlich, keinesfalls die Glückwunschkarte vergessen. Mit Texten muss man sich dabei auch diesmal nicht abmühen, denn diese werden einmal mehr von Hallmark standardmäßig phantasievoll verfasst. In jedem Supermarket oder Drugstore gibt es immer eine riesige Abteilung mit Karten für verschiedenste Gelegenheiten.

Gegen Ende des Senior Year der High School (zwölftes und damit letztes Schuljahr) findet landesweit, und quer durch alle sozioökonomische Schichten hindurch, die sogenannte »Prom« statt (»a beautiful illusion«, wie eine amerikanische Soziologin es mal beschrieb). Die Mädchen kaufen sich für diesen »formal dance« ein Ballkleid und geben viel Geld aus für Coiffeur, Make-up und Maniküre. Die Jungs leihen sich einen Smoking aus (Smoking-Verleihe gibt es überall und sogar online) und tragen eine Krawatte in der Farbe des Kleides der Partnerin. Der Junge fragt ein Mädchen, ob sie seine Prom-Partnerin sein möchte (bei aller Gleichberechtigung braucht es allerdings immer noch ein mutiges Mädchen, das diese Frage selber stellt). Freunde und Freundinnen schließen sich zu kleinen Gruppen zusammen. An einem pittoresken Ort findet ein intensives Fotoshooting statt (die Bilder werden dann an die ganze Verwandtschaft verschickt und Facebook/Instagram erleiden einen digitalen Kollaps), bevor alle zusammen, wenn immer möglich, in einer Stretch-Limousine zum Tanzort losfahren.

Direkt nach der High School geht man ins College (erstmals während der Corona-Krise wurde so etwas wie ein Zwischenjahr, »Gap Year«, überhaupt in die Diskussion eingebracht). Im College darf man sich austoben. Nach dem College soll man einen Job antreten und erwachsen werden.

In seinen 20ern lebt man in einer Mietwohnung, meistens mit Roommates. Die Nachbarn im Gebäude grüßt man nicht.

Die Hochzeit muss der schönste Tag des Lebens sein und ist klar strukturiert. Die Braut wählt eine »Maid of Honor« und dazu etwa sechs »Bridesmaids«, der Bräutigam einen »Best Man« und eine etwa gleiche Anzahl von »Groomsmen«. Deren Rollen sind genau definiert, und am Vorabend des eigentlichen Hochzeitstages findet für die näheren Angehörigen und Freunde ein sogenanntes »Rehearsal Dinner« statt.

Nach der Heirat oder in seinen 30ern sollte man sein erstes Haus kaufen. Erwartet man Familiennachwuchs, zieht man in die Suburbs. In den Suburbs grüßt man dann seine Nachbarn wieder.

In jungen Jahren darf man politisch progressiv sein. Wird man älter und sesshaft, wechselt man gerne die Seite und wird konservativ(er).

Zu jeder Jahreszeit bekommt man im Restaurant grüne, dünne Spargeln zum Essen serviert.

Sein – Schein (bigger is better, more is more)

»*Und wenn sie nicht geschieden sind (vielleicht mehrmals), dann leben sie noch heute ...*«
Ein amerikanisches Märchen

Die meisten Amerikaner möchten nach außen gut aussehen und grundsätzlich eine attraktive Fassade vorzeigen. Natürlich fällt es mit einem größeren Geldbeutel leichter, dies zu erreichen. Aber das Bestreben nach schön (schöner, am schönsten), groß (größer, am größten), mehr (noch mehr und nochmals mehr) scheint sich querbeet durch die gesamte Bevölkerung hindurchzuziehen. Die Kreditkarten ermöglichen in der heutigen Zeit ein Leben auf Pump, womit man sich jederzeit beschaffen kann, was einem in Medien und Filmen gezeigt und vorgegaukelt wird. Auch wenn man es finanziell gar nicht vermag.

Es beginnt zum Beispiel mit dem romantischen Märchen von »... happily ever after«. Ein junges Paar ist (vielleicht) verliebt und kann sich eine gemeinsame Zukunft vorstellen. Irgendwann wird sich der junge Mann – nennen wir ihn Brian – irgendein »Marriage Proposal« (möglichst speziell und exotisch, bitte!) ausdenken. Anschließend wird er tief in die Tasche greifen, um seiner Freundin – nennen wir sie Ashley – einen Diamanten-Verlobungsring zu kaufen. Der Durchschnittspreis, der zurzeit bezahlt wird, liegt bei ca. 6000 Dollar. Als Faustregel gilt, dass der angehende Bräutigam locker etwa zwei seiner Monatslöhne für den Ring hinblättern sollte. Auch der Heiratsantrag selbst kann teuer werden. Wo ist der beste Ort, um vor Ashley auf's Knie zu gehen? Am romantischen Strand auf den Bahamas? Auf dem Empire State Building? Oder ist ein europäischer Turm, wie der Eiffelturm, effektvoller? Oder ist der Heißluftballon die bevorzugte Variante?

Wird Ashley den Antrag annehmen (sollte man sich zufällig in der Nähe befinden, würde man ein schrilles »Aaaaaah, oh my God« Quietschen hören), wird mit der Planung der großen Hochzeit begonnen. Da dies der absolut wunderschönste Tag des Lebens sein soll, wird alles minutiös und bis ins kleinste Detail geplant. Im Durchschnitt werden etwa 120 Gäste eingeladen und für den Traumtag etwa 30 000 Dollar ausgegeben. Die Hochzeitsringe (dem Verlobungsring der Braut leistet nun ein weiterer Ring mit Diamanten Gesellschaft) können sich locker in die Tausende erstrecken. Und nach dem teuren Fest waren Ashley und Brian ja gar noch nicht auf der Hochzeitsreise!

Das junge Ehepaar beschließt irgendwann, dass es gerne ein Haus kaufen möchte. Die Bank rechnet aus, wie hoch die Hypothek sein darf und in welcher Preiskategorie sie sich bewegen dürfen. Ashley und Brian werden jenes Haus kaufen, das gerade noch ganz knapp in ihr Budget passt. Steigen sie die Karriereleiter nach oben, finden besser bezahlte Jobs, erben, gewinnen in der Lotterie oder finden Geld unter der Matratze: Sie werden sich nun nach einem größeren Haus umsehen – upgrade, wie man es so schön nennt, oder, gemäß dem bereits genannten Prinzip, finanziell immer ans Limit zu gehen.

Ihr neues Haus hat viele Zimmer und viele Räume, und diese müssen gefüllt werden. Sie kaufen Möbel, die nicht unbedingt benützt werden, die sich aber als Dekoration sehr gut machen. So haben sie vielleicht einen »Formal Living Room«, den niemand wirklich betritt, außer eventuell der Putzfrau, um Staub zu wischen. Vielleicht hat einer von beiden mal Klavierstunden genommen, und je nach Geldbeutel und dem Statement, das sie nach außen abgeben möchten, stellen sie ein Klavier oder sogar einen Flügel in einen der Extraräume. Die Kinder, die sie inzwischen haben, werden dann irgendwann zum Klavierunterricht geschleppt (keine hohen Erwartungen der Eltern – ein bescheidenes Weihnachtslied zu spielen genügt).

Der »Formal Dining Room« wird etwas öfter gebraucht – meist an Feiertagen, wenn Gäste erwartet werden. Kommen Familie und Freunde für das Thanksgiving-Fest, wird die Größe des TVs überdacht und unter Umständen angepasst. Man möchte das

Football Game am Nachmittag schauen und das natürlich auf einem möglichst großen und hochauflösenden Bildschirm.

Die Küche im neuen Haus sollte sehr groß sein, obwohl die Zeit, Lust und meistens auch die Fähigkeiten fehlen, sie wirklich zu benützen (außer dem Ein- und Ausschalten der Mikrowelle). Allerdings werden Ashley und Brian beim Kauf des Hauses darauf achten, dass – wenn immer möglich – in der Küche zwei Backöfen vorhanden sind. Nicht weil sie vorhaben, doch einen Kochkurs zu belegen und einfallsreiche Menüs zu kreieren. Nein, weil sie an Thanksgiving den einen Backofen für den großen Turkey und den anderen für die Beilagen und die Pumpkin Pies benötigen (ja, dieses Fest findet nur einmal im Jahr statt!).

Brian ist zuständig dafür, dass der Frontyard des Hauses immer tadellos aussieht und frei von Unkraut ist (den Backyard sehen die Leute von der Straße aus nicht, also ist es egal, wie der aussieht). Alle paar Jahre wird irgendetwas im Haus renoviert – gerne werden die Tapeten gewechselt und dem neuen Trend angepasst. Steigt der Verdienst weiterhin, gibt es verschiedene Möglichkeiten, das Geld auszugeben: Entweder zieht man in ein noch größeres Haus (mit noch mehr Ausstellungsräumen), oder Brian schlägt vor, ein Boot zu kaufen. Ashley hat vermutlich nichts dagegen, doch sie hätte eigentlich lieber ein Wochenendhaus am See oder in den Bergen. Irgendwann werden sie sich beides anschaffen; es ist nur eine Frage der Reihenfolge. Dass die Autos der beiden parallel zu den Häusern an Größe und Preis zunehmen, ist eine nicht erwähnenswerte Selbstverständlichkeit.

Jahre vergehen und Ashley ist inzwischen auch nicht mehr die Jüngste. Der Besuch beim Dermatologen wird immer mehr zur Normalität. Die Botoxnadeln werden regelmäßig eingesetzt und die Fettpölsterchen abgesaugt (die Brüste wurden bereits in jungen Jahren vergrößert, damit sie auf dem Heiratsmarkt erfolgreich sein würde – remember: bigger is better!). Sollten die Spritzen irgendwann nicht mehr genügen, wird sie zu Alternativen und stärkeren Eingriffen übergehen. Die äußere Erscheinung ist wichtig und – wenn man das entsprechende Geld hat – wird permanent daran gebastelt. Verschickt man Fotos an Freunde und Verwandte, postet auf Facebook oder Instagram – keine Frage, die Bilder sind optimiert und »photoshopped«. Es ist wichtig, für seine Bemühungen auch Anerkennung zur erhalten. Und da man Ashley immer nur begegnet, wenn sie mit viel Make-up-Aufwand zurechtgemacht ist, kann es schon sein – sollte man aus irgendeinem Grund mal spontan an der Türe klingeln –, dass man sie kaum wiedererkennt.

Nebst den zwei bis drei Kindern, die das Ehepaar hat, gehören auch Hunde (etwa so viele wie Kinder) zum guten Ton. Nicht etwa, weil die Familienmitglieder große Tierliebhaber sind, denn eigentlich hat gar niemand wirklich Zeit für ein, geschweige denn für mehrere Haustiere.

Von außen betrachtet hat diese Familie ein idyllisches Leben ohne Probleme. Eine Familie wie aus dem amerikanischen Bilderbuch, nicht wahr? Hat man jedoch die Möglichkeit, auch hinter die Fassade zu blicken, kommen tiefe Ängste und Verunsicherungen zum Vorschein. Es ist nicht einfach, mit dem ständigen und extremen Druck, mit Nachbarn, Bekannten, Arbeitskollegen und Freundinnen mithalten zu müssen. Das Leben in der Märchenwelt ist stressig, und viele bewegen sich in einem Hamsterrad, dem sie nicht entrinnen können – oder wollen.

Working, doing, thinking

Hire and fire

> »*Never hire anyone you can't fire.*«
> Donald Rumsfeld, Verteidigungsminister unter George W. Bush

Ja, die USA haben eine »Hire and Fire«-Kultur. Und zwar im wörtlichen Sinne: Geht es ökonomisch aufwärts, werden Arbeitskräfte eingestellt, geht es abwärts, werden sie entlassen. Punkt. Das macht für dieses kapitalistische Land Sinn, denn Märkte und Bedürfnisse ändern sich, und Unternehmen müssen flexibel sein und sich anpassen können. Dabei bedingen sich »Hire and Fire« gegenseitig, denn wenn man nicht entlassen kann, dann wird man nur sehr zögerlich oder überhaupt nicht einstellen (allerdings geht nach massiven wirtschaftlichen Krisen das »Hire« regelmäßig deutlich langsamer vor sich als das »Fire«). Im Wesentlichen bedeutet »Hire and Fire«, dass man grundsätzlich keinen spezifischen Kündigungsgrund braucht, um jemanden zu entlassen. Im amerikanischen Recht spricht man von einem »At Will«-Arbeitsverhältnis, es besteht so lange, wie beide Parteien es so wollen.

Natürlich darf eine Entlassung nicht missbräuchlich sein, und die USA haben eine ganze Liste von entsprechenden Nicht-Diskriminierungs-Vorschriften: Rasse, Religion, Hautfarbe, Geschlecht, Behinderung und einige mehr. Wichtig ist auch, dass unter anderem nicht gegen das Alter diskriminiert werden darf. In einem amerikanischen CV wird man nie ein Foto oder ein Geburtsdatum sehen; ein europäisches CV erkennt man sofort daran, dass es diese zwei Merkmale enthält.

»At Will« gilt für beide Seiten. Auch der Arbeitnehmer kann jederzeit kündigen und seinen Arbeitsplatz verlassen. Dies wird oft erstaunlich locker gehandhabt. Es kann durchaus sein, dass jemand am Morgen einfach nicht mehr zur Arbeit erscheint. Oder man erfährt am Mittwoch, dass am Freitag der letzte Arbeitstag eines Kollegen oder einer Kollegin sein wird. Kündigungsfristen gibt es streng genommen keine, in der Realität sind sie sehr kurz. Für Niedriglohnjobs höchstens ein paar Tage, falls überhaupt, für Angestellte bis zu zwei Wochen, für die untere und mittlere Management-Ebene drei bis vier Wochen, und für das obere Management vier Wochen und allenfalls mehr.

Selbst wenn vertraglich längere Kündigungsfristen abgemacht wurden, ist es vor allem in höheren beruflichen Chargen üblich geworden, dass man nach einer Kündigung durch den Arbeitgeber etwa eine halbe Stunde Zeit hat, unter Überwachung eines Security Officers das Büro zu räumen. Fotos der Liebsten sowie andere persönliche Dinge werden in einer Kartonschachtel eingesammelt (wie so oft in amerikanischen Filmen zu sehen) und alle firmenbezogenen Gegenstände wie Schlüssel, Handy und Zutrittsbadge abgegeben. Es ist einfacher und sicherer, während der Kündigungsfrist den Lohn auszuzahlen, als einem frustrierten und wütenden Ex-Angestellten die Möglichkeit zu geben, der Firma in irgendeiner Art zu schaden (mit Waffen geht man ja bekanntlich locker um in diesem Lande). So vermeidet man Konflikte und Spannungen. Wenn zahlreiche Entlassungen auf einmal anstehen, überlässt man die unangenehme Arbeit gerne einer Consulting-Firma, die mit dem ganzen administrativen Freistellungsprozess beauftragt wird (möglichst keine offenen Konflikte und Diskussionen!).

»At Will« sorgt auch dafür, dass Arbeitsstellen häufig gewechselt werden. Während in Niedriglohnjobs eine jährliche Fluktuationsrate von 25–30 % normal ist (ein um 50 cents höherer Stundenlohn ist oftmals der Auslöser), wechseln auch Angestellte in gehobeneren Positionen relativ häufig ihre Stelle (der Auslöser mag hier ein etwas höherer Betrag sein). Wie so oft gibt es auch dazu ungeschriebene Regeln, wie man alle paar Jahre mittels einer strategischen Job-Wechsel-Taktik sein CV optimiert und sein Gehalt maximiert.

Während kurze Kündigungsfristen, rasche Wechsel und minimale Loyalität auf beiden Seiten in den USA einfach ein Teil des Alltages sind, ist dies für Europäer, die in die USA ziehen und dort eine Management-Funktion ausüben oder ein eigenes Business eröffnen, sehr gewöhnungsbedürftig. Man hat schon genug Mühe, das völlig andere Bildungssystem zu verstehen und einzuordnen, und ist dann vollends frustriert, wenn Mitarbeiter von einem Tag auf den anderen einfach nicht mehr auftauchen: »It's your problem, deal with it.«

Leben, um zu arbeiten

Abschalten können ist in der heutigen Zeit schwierig. Die digitalen Möglichkeiten ermöglichen nicht nur ständige Kommunikation, sondern können diese auch erzwingen.

In den USA zeigt sich dieses Problem von der extremsten Seite. Zahlreiche Studien dokumentieren, dass die durchschnittliche Arbeitszeit deutlich höher liegt als in Europa. Für das Mittagessen gönnt man sich kaum eine Pause – man nimmt es so nebenbei am Arbeitsplatz ein. Im Durchschnitt werden fast die Hälfte der einem zustehenden Urlaubstage nicht bezogen. Auch abends, nachts und übers Wochenende muss man erreichbar sein.

Von Angestellten im administrativen Bereich, vor allem auf der unteren und mittleren Ebene, hört man immer wieder Klagen über die unzumutbare Arbeitsverdichtung. Der konstante Druck, die unrealistischen Ziele nicht zu erreichen, unmöglich einzuhaltende Deadlines, ständige Wechsel und Reorganisationen sowie »Peer Pressure« tragen dazu bei. Da keiner der Arbeitskollegen vor 19 Uhr oder auch (viel) später nach Hause geht, wäre es seltsam, wenn man diese ungeschriebene Regel nicht einhalten würde, auch wenn man schon seit längerer Zeit nicht mehr produktiv ist und nur noch Facebook- und Instagram-Posts liest.

Eine ganze Woche der Firma fern bleiben und in die Ferien zur Erholung fahren? Hmm ..., wenn es möglich ist, sich so lange am Arbeitsplatz nicht blicken zu lassen (und die Firma tatsächlich auch noch existiert, wenn man zurückgekehrt ist), bedeutet das dann nicht, dass man eigentlich überflüssig ist?

Das CDC (Centers for Desease Control and Prevention) kam in einem Report 2016 zum Schluss, dass Stress das dominierende Gesundheitsrisiko am Arbeitsplatz darstellt, gefolgt von Bewegungsmangel und Fettleibigkeit. Sind die Zusammenhänge nicht offensichtlich?

In zahlreichen Staaten der Ostküste schließen die Schulen Ende März/Anfang April für eine Woche für den sogenannten Spring Break. Für viele Familien ist dies ein zentraler Ferien-Fixpunkt, und häufig entflieht man in den Süden, um nach dem Winter endlich Sonne und Meer zu genießen. In den Mittelklasse-Suburbs von Atlanta konnten wir jedes Jahr beobachten, wie zahlreiche Familien am Freitagabend vor der Spring-Break-Woche das Auto beluden und nach Florida fuhren, was zwischen 5–10 Stunden dauert (Stau-Zeiten eingerechnet, da ganze Massen dasselbe vorhaben). Dort angekommen, genoss man »a couple of days of vacation«, aber spätestens am darauffolgenden Mittwochabend waren die meisten Familien wieder zurück. Die zuvor regelrecht leere Stadt füllte sich wieder mit Autos. Nicht dass die Kinder nicht hätten länger bleiben wollen, aber fast immer mussten Daddy und/oder Mommy sich spätestens am Donnerstag wieder im Büro zeigen, aus den eben erwähnten Gründen.

Ebenfalls ist so etwas wie Betriebsferien unbekannt. Während der Sommerpause mein Yogastudio für drei Wochen zu schließen, stieß regelmäßig auf Unverständnis. Ich musste jedes Jahr in Kauf nehmen, dass während meiner Abwesenheit sich einige Schülerinnen nach einem anderen Ort umschauten und nach meinen Ferien nicht mehr zurückkehrten.

Keine Frage, dass dieses System nicht nachhaltig sein wird. Zwar kann man, wenn gar nichts mehr geht, den Job wechseln, um wenigstens für die kurze Zeit eines Neuanfangs etwas Ruhe zu haben. Meistens aber wird man mit Medikamenten nachhelfen, die zahlreich und leicht erhältlich sind und prominent in der Werbung angepriesen werden.

Wie so oft würden eigentlich entsprechende Verbesserungsvorschläge unmittelbar zur Verfügung stehen. So kam z. B. Jeffrey Pfeffer, einer der führenden Forscher im Bereich »Organizational Behaviour« an der Stanford University, in einer breit abgestützten Studie zum Schluss, dass Stress am Arbeitsplatz ein höheres Gesundheitsrisiko darstellen kann als Passivrauchen. Er schlägt auch drei einfache Maßnahmen vor: klar eingeschränkte reguläre Arbeitszeiten, mehr Autonomie und weniger Micromanagement sowie größere ökonomisch-soziale Sicherheit am Arbeitsplatz. Und er erwähnt auch, dass vor Jahrzehnten die amerikanischen Firmen realisiert hatten, dass ein unfallsicherer und »physisch geschützter« Arbeitsplatz sich positiv auf Wohlbefinden, Absenz- und Krankheitskosten auswirkt. Die Zeit sei gekommen, um nun auch eine Arbeitsplatzkultur zu schaffen, welche dieselben Ziele unterstützt. Einmal mehr steht die USA mit Studien und Theorien an vorderster Front. Und keine Frage, dass die großen Consulting-Unternehmen diese Forschungsresultate in eigene Ansätze umwandeln und gegen gutes Geld global propagieren. Umgesetzt werden sie aber nicht, zumindest nicht im eigenen Land. Die Diskrepanz zwischen Theorie und Praxis ist auch in diesem Bereich eklatant.

Ist die Zeit für ein Umdenken in den USA wirklich gekommen? Die Entwicklung scheint leider in die andere Richtung zu gehen. Solange die Anreiz- und Bonussysteme der amerikanischen Wirtschaft auf das Erfüllen oder sogar Übertreffen von Leistungszielen ausgerichtet sind, wird sich kaum etwas ändern. Und solange die Boni auf vierteljährlichen Evaluationen basieren und damit eben vor allem kurzfristige Projekte mit schnell sichtbaren Resultaten belohnt werden, bleiben die Anreize falsch gesetzt. Und zwar für die Angestellten genauso wie für die Unternehmen. Die Belohnung mit großzügigen Boni streut Glücksgefühle aus, und die Aussicht auf einen neuen BMW ist für die meisten höchst verlockend. Dafür ist man bereit, auch auf Ferien oder Freizeit zu verzichten ... bis zur Pensionierung.

Diese Beschreibung trifft natürlich nur auf die privilegiertere Mittel- und Oberschicht zu. Für die unteren gesellschaftlichen Schichten sind weder Boni noch Ferien ein Thema. Sie arbeiten oftmals in zwei, teilweise auch drei Jobs gleichzeitig, um die Familie durchzubringen. Und es kann durchaus sein, dass keiner der Jobs genügend Stunden pro Woche beinhaltet, um überhaupt nur in den Genuss von Benefits (d. h. vor allem einer Krankenversicherung) zu kommen. Teilzeitangestellte werden häufig so angestellt, dass sie knapp unter die für Benefits erforderliche Stundenzahl fallen, damit der Arbeitgeber deren Zahlung umgehen kann.

Installers, Arbeitsteilung, Checklisten

Direkt bei unserem Haus in Atlanta stand eine sogenannte Flussbirke (River Birch), deren Wurzeln die Garagenauffahrt angehoben und beschädigt hatten. Ein Gärtner meinte, man müsse den Baum entfernen, da er erstens nicht wirklich für einen Front Yard geeignet sei (schließlich war ja weit und breit kein Fluss zu sehen), zweitens er viel zu nahe beim Haus stehe, und drittens die Wurzeln – auf der Suche nach Wasser – dem Fundament des Hauses gefährlich werden könnten.

Die naive Frage, warum ein solcher Baum denn überhaupt gepflanzt worden sei, quittierte er mit einem mitleidigen Lächeln.

»Wenn ein Quartier gebaut wird, dann wählt die Generalunternehmung pro Haus etwa drei bis vier Bäume aus, die möglichst billig sind und möglichst schnell wachsen. Aus einem Lastwagen werden die Jungbäume vor die Häuser geworfen. Am nächsten Tag kommen Arbeiter, die mit einer Maschine irgendwo ein Pflanzloch ausheben. Wieder andere Arbeiter setzen später die Bäume ein und schaufeln Erde darüber.«

»They are just installers, they don't know anything«, meinte er resigniert.

Dies war unsere erste Bekanntschaft mit dem Konzept der »Installers«. Installers zeichnen sich dadurch aus, dass sie einen kleinen Teil und nur diesen kleinen Teil eines größeren Arbeitsprozesses ausführen. Sie sind schnell angelernt, für ihre Arbeit benötigen sie keine oder nur eine minimale Ausbildung. Sie haben eine klare Job Description, an der sie gemessen werden. Der Vorgesetzte hat dafür eine Checklist, in welcher genau definiert ist, was die Installers wann, wie oft und wie schnell »zu installieren« haben. Installers kümmern sich nicht um das Ganze, und deshalb ist es eben egal, ob die River Birch nun neben der Hauswand oder sonst irgendwo eingesetzt wird (obwohl die Gewässer fehlen). Hauptsache man erfüllt das Tagessoll an zu pflanzenden Bäumen. Punkt.

Installers sind unabdingbar für ein seit jeher fundamentales Modell amerikanischer Organisation: Das Aufsplitten von Arbeitsprozessen in zahlreiche kleine Einzelschritte, die mit wenig Aufwand beigebracht werden können. Es ist die amerikanische Antwort auf die Frage, wie man eine riesige, eher marginal ausgebildete, kurzfristig orientierte und geographisch mobile Bevölkerung, die ständig von kaum Englisch sprechenden Einwanderern alimentiert wird, einigermaßen sinnvoll beschäftigen kann.

Was seinerzeit mit der Arbeitsteilung und Fließbandfertigung begann, ist über Jahrzehnte weiterentwickelt und perfektioniert worden (und hat zweifellos enorm zum Aufstieg und Erfolg der USA beigetragen). Dazu braucht es im Wesentlichen drei Dinge:

Erstens einige schlaue Köpfe, welche die Arbeitsprozesse und Wertschöpfungsketten intelligent in einzelne, übersehbare Schritte und Komponenten aufteilen und diese ausformulieren. Das sind oftmals Consultants, deshalb gibt es wohl Heerscharen von ihnen in den USA. Zweitens ein Management, das sich Job Descriptions ausdenkt und Details mittels Checklisten überwacht. Und drittens braucht es eine Armada von Installers, die diese einzelnen, genau definierten Schritte ohne viel nachzudenken ausführen.

Aufgesplittete Arbeitsprozesse, Job Descriptions, Checklisten und Installers sind allgegenwärtig. Beispiel Restaurants: Von der Hostess über den Server, den Wasserreicher, den Essensbringer oder den Abräumer machen alle ihre kleine, genau definierte Arbeit für einen genau definierten Bereich des Restaurants. Oft nur für kurze Zeit: Installers wechseln Arbeitsorte schnell, die Fluktuationsraten sind hoch. Auch sind sie meist die Ersten, die entlassen, und dann wieder die Ersten, die eingestellt werden. Sie üben keinen Beruf aus, sie haben Jobs.

Die arbeitsteilige Welt der USA ist für Neuankömmlinge immer wieder gewöhnungsbedürftig. Wird ein Plumber (Sanitär-Installateur) benötigt, dann gibt es solche, die nur einen Wasserhahn austauschen können und sonst nichts; für alle weitergehenden Arbeiten ist jemand anders zuständig (leider kann dieser aber erst drei Tage später kommen – man gewöhnt sich halt ans kalte Wasser unter der Dusche).

Bringt man das Auto zum Service, werden ebenfalls mindestens fünf Leute involviert sein: Empfang, Service Advisor, Automechaniker (»Technician«), Abrechnungszuständige, Auslieferungsperson. Sechs Monate später, beim nächsten Service, sind mit großer Wahrscheinlichkeit viele Gesichter neu.

Selbst im Sporttraining der Kinder ist auffallend, wie einzelne »Drills« dominieren. Kurze, kleine Spielzüge, im Fußball beispielsweise, werden repetitiv geübt, genau nach Checklist.

Ein ganz anderes Beispiel konsequent durchdachter Prozesse zeigt sich, wenn man eine »Customer Service«-Nummer eines

Unternehmens anruft. Vom automatischen »Menü« begrüßt, wird man zuerst einmal mit folgendem Satz gewarnt: »Please listen carefully since our Menu options have changed«. Also wehe, man passt nicht genau auf die folgenden Ansagen auf! »If you need directions, press 1. If you want to check your last order, press 2. If ... press ...; if ... press ...« bis der Finger wund wird. Da hat wahrhaftig jemand versucht (eben wahrscheinlich Consultants), alle möglichen Fragen in eine geordnete und numerierte Sequenz zu bringen. Das Problem dabei ist, dass die Frage, die man hat, im »Menü« gar nicht auftaucht und man sich mühsam durchhören und -wählen muss, um irgendwann gnädigst mit einem »Representative« verbunden zu werden. Das Verfahren soll natürlich Kosten (und Installers) einsparen, aber im Wesentlichen sorgt es vor allem dafür, dass man solche Telefonate wenn immer möglich vermeidet.

Eine weitere Seite einer präzise geplanten Arbeitsteilung mit Checklisten und Installern zeigt sich beispielhaft bei der amerikanischen Armee. Einerseits steht gemäß fast allen Analysen das US-Militär weltweit an erster Stelle, sei es bezüglich Waffenarsenal, technologischem Stand, Schlagkraft oder Organisation. Andererseits, da die USA nach dem Vietnamkrieg den Militärdienstzwang abgeschafft und deshalb eine reine Freiwilligenarmee haben, heuern disproportional viele junge Leute mit marginalem Schulsack aus sozial benachteiligten, oftmals ländlichen Gegenden beim Militär an. Für viele ist es die einzige Möglichkeit, einer trostlosen Zukunft ohne Aussichten auf einen Job zu entrinnen.

Damit drängt sich die Frage auf, wie man denn eine hochtechnologisierte Top-Armee mit schulisch kaum ausgebildeten Soldaten betreiben kann. Militärische Disziplin allein reicht dafür nicht. Es braucht vielmehr auch hier dieselben Elemente: eine kompetente Offizierselite, die komplexe Abläufe intelligent zerlegen, strukturieren und wieder zusammensetzen kann; anschließend eine breite Gruppe von Vorgesetzten, welche Ziele definiert, Checklisten kreiert und Zielerreichungen garantiert; und dann schließlich eine riesige Zahl von Soldaten, die ohne Widerrede Befehlen gehorchen und repetitive Tätigkeiten ausführen.

Dass dieses Aufsplitten der Arbeitsketten und -prozesse sehr weit oder gar zu weit gehen kann, zeigen Entwicklungen im Bereich der öffentlichen Schule. In den letzten Jahren haben die Tendenzen, das Curriculum immer mehr zu standardisieren, zum Teil bizarre Formen angenommen. »Administrators« (Verwaltungsfachleute) entwickeln Lehrpläne, die den Schulstoff eines Jahres in kleinste Einzelschritte aufteilen. Darauf basierend schreiben sie den Lehrkräften immer detaillierter vor, was und in welcher Woche (oder gar an welchem Tag) mit welchen Lehrmitteln und in welchen Einzelschritten den Schülern beigebracht werden muss. Selbst die Lernkontrollen und Tests werden vorgegeben. Die Konsequenz davon: Lehrerinnen und Lehrer werden immer mehr zu Installers. Damit braucht man immer weniger wirklich gut ausgebildete Lehrkräfte und kann so die Lohnkosten reduzieren. Diese Strategie scheint nicht aufzugehen, schneidet doch die USA in den PISA-Studien immer relativ schlecht ab. An der Spitze sind Länder, die von Lehrkräften eine sehr gute Ausbildung verlangen und ihnen dafür Autonomie im Klassenzimmer und ein anständiges Gehalt geben.

In der schnelllebigen Wirtschaft entstehen einerseits immer wieder neue Installer-Jobs (Uber-Fahrer, Delivery Services), andererseits werden aber auch viele wegrationalisiert, da sie entweder nicht mehr nötig sind oder deren Aufgaben von der Technologie übernommen werden. Haben beispielsweise früher »Executive Assistants« Telefonanrufe beantwortet, Ablagen geführt und Reisen gebucht, wird das heute von der Technik oder vom Boss selbst übernommen (in den letzten 20 Jahren sind fast die Hälfte dieser Assistenten-Stellen verschwunden). Und diejenigen Installer-Jobs, die bleiben, sind schlecht bezahlt und könnten in nicht allzu ferner Zukunft von Robotern übernommen werden.

Lineares Denken

Die USA sind bei der Organisation von Großveranstaltungen unübertroffen. Sei es ein Sportevent (ein Football-Game besuchen locker 50 000–60 000 Zuschauer), ein Konzert, eine Trade Fair oder die alle vier Jahre stattfindende Convention der Demokratischen und Republikanischen Partei (ein mehrtägiger Großanlass, bei dem die beiden Präsidentschaftskandidaten gekürt werden). Von der Parkplatzregelung über den Einlass, die Sitzzuweisung, die Verpflegung, die Showeinlagen in den Pausen bis hin zur perfekten Orchestrierung des ganzen Anlasses ist alles minutiös geplant. Unterstützt wird das Ganze durch eine Armada von Hilfskräften, die alle einen spezifischen, kleinen Job erledigen (Installers eben).

Das erfolgreiche Durchführen solcher planbarer Events basiert auf geradlinigen, einfach verständlichen Vorgehensweisen und Denkmustern. Anforderungen sind simpel formuliert und überprüfbar, sie sind entweder erfüllt oder nicht erfüllt. Zusammenhänge sind linear, messbar, reproduzierbar. Abläufe sind standardisiert und werden genauso durchgespielt, wie sie geplant sind. Checklisten sorgen dafür, dass alles Punkt für Punkt durchgegangen, organisiert, geübt und dann abgehakt werden kann: »Check all the boxes!« Wehe aber, wenn etwas Ungeplantes dazwischenkommt oder jemand »out of the box« denkt, oder jemand kritische Fragen stellt.

Dies hängt eng zusammen mit einer eklatanten Dominanz des linearen Denkens in der amerikanischen Gesellschaft. Dinge sind entweder gut oder schlecht, schwarz oder weiß, null oder eins, richtig oder falsch, good or evil. Anforderungen sind entweder erfüllt oder nicht erfüllt. Eine Antwort ist entweder ja oder nein. Man ist entweder Demokrat oder Republikaner und schaut deshalb CNN oder Fox News. Andere sind entweder mit uns oder gegen uns (wie sagte Bush jr.: »… you're either with us, or against us«). Alles, aber auf keinen Fall irgendwelche Graubereiche, über deren Schattierungen man diskutieren kann.

Auch die Phasen des Lebens spielen sich innerhalb von genau strukturierten Abläufen ab, die bei Nichteinhalten Unverständnis hervorrufen. Dies führt auch zu einem Denken in simplen »wenn dies … dann das«-Zusammenhängen. Solche linearen Regeln sind einfach und komfortabel für das Gehirn, aber ungeeignet, um vielschichtige, mehrdeutige Probleme anzugehen. Ambiguity, etwa mit Mehrdeutigkeit zu übersetzen, ist etwas, womit man sich in den USA ungemein schwertut.

Vernetztes Denken

Im deutschen Sprachgebrauch wird das Gegenteil von linearem Denken als »vernetztes Denken« bezeichnet und ist seit Jahrzehnten ein fester Bestandteil jeder pädagogischen Ausbildung, ein vielzitiertes generelles Bildungsziel, und auch im alltäglichen Sprachgebrauch verankert. Immer wenn wir diesen Ausdruck in Diskussionen erklären wollten, realisierten wir, dass es dafür interessanterweise keine treffende englische Übersetzung gibt. Zwar fanden wir in Wörterbüchern seltsame Begriffe wie »networked thinking«, »joined-up thinking«, »integrated thinking« oder »holistic thinking«, aber im amerikanischen Alltag wird keiner dieser Ausdrücke gebraucht und deshalb auch nicht verstanden.

Nicht nur existiert der Begriff sprachlich nicht, auch das damit verbundene Verhalten, eben das vernetzte Denken, ist im gesellschaftlichen oder beruflichen Alltag kaum vorhanden (ist dies vielleicht eine Huhn-oder-Ei-Frage?). Der enorme Fokus auf einzelne Prozesse, klare Strukturen, messbare Benchmarks und einfache Checklisten schult (falls überhaupt) nur das lineare Denken. Man hüte sich vor detaillierten Erklärungen, komplexen Beschreibungen oder ganzheitlichen Darstellungen. Ebenso vor philosophischen Fragen wie »How could this happen?« oder »Why was this possible?«

Reklamationen werden meist mit der Antwort »What do you want?« erledigt. »Fix it«, heißt die Devise, Taste F7 auf der Computertastatur drücken und fortfahren. Bildlich gesprochen schaut man immer geradeaus und nach vorne, nicht zurück, und auch nicht seitwärts, weil das nicht relevant ist. Unternehmen scheitern immer wieder daran, die »Silos« ihrer verschiedenen Abteilungen miteinander zu verknüpfen, Colleges tun sich unheimlich schwer damit, den stark zerstückelten Lehrstoff zu integrieren.

Während der gesamten Schulzeit basieren die Prüfungen fast immer auf Multiple Choice Tests. Als Vorbereitung dazu arbeitet man ganze Sets von früheren Prüfungen durch, denn Fragen und Antworten wiederholen sich irgendwann. Das Beispiel von chinesischen Studenten, die alle Fragen im Multiple Choice Englisch Test richtig beantworteten, aber dann die Sprache gar nicht beherrschten, ist legendär. Mit linearem Auswendiglernen kann man vieles erreichen.

Regeln, Checklisten, Prozesse: Sie bringen Struktur und Hierarchien in den Alltag, aber sie verhindern konstruktive Debatten, kreatives Denken, innovative Lösungen. Und sie funktionieren bestimmt nicht, wenn man komplexe, nicht-lineare oder chaotische Probleme angehen und lösen möchte.

Auch die Fähigkeiten des amerikanischen Militärs kommen in komplexen Situationen an ihre Grenzen. Meistgesuchte Terroristen in entlegenen Verstecken aufzuspüren und zu töten, ist eines. In solchen klar definierten Einzelmissionen sind die USA stark, schon allein durch die schiere Macht, Größe und Waffengewalt der Armee und der Geheimdienste. Solche Ereignisse sind dann auch Material für Hollywood-Filme und sollen Macht zeigen und Helden feiern – »Heroes' stories« sind, was zählt.

Aber: Ein Land wie Afghanistan, von dem die allermeisten nicht einmal genau wissen, wo es liegt (man weiß allerdings, dass es »evil« ist), ein Land mit einer ganz anderen Kultur und Tradition, ein solches Land einzunehmen und auf westliche Werte einzuschwören, ist etwas völlig anderes. Zusammen mit dem unverrückbaren Glauben, dass das amerikanische System das beste auf der Welt ist und deshalb von allen Ländern fraglos angestrebt wird, kann dies dazu führen, dass massivste militärische Übermacht allein für den Erfolg nicht ausreicht. Diese Geschichte hat sich für die USA mehrfach wiederholt, ohne Lerneffekt, wie es scheint.

Lineare, simple und simplifizierende gesellschaftliche Verhaltensweisen machen einiges möglich. Nicht in vernetzten Zusammenhängen denken zu können, kreiert jedoch einen fruchtbaren Nährboden für alle Arten von Manipulationen, Simplifizierungen, Verschwörungstheorien, oder »Fake News«.

DESIGNED BY GENIUSES, RUN BY IDIOTS

State of the Union

Checks and balances

Ich weiß noch genau, wann ich das erste Mal den Satz »*This country was designed by geniuses so that it can be run by idiots*« las. Wir waren erst seit ein paar Jahren in den USA, als um die Jahrtausendwende Thomas Friedman in seinem Globalisierungs-Buch »The Lexus and the Olive Tree« beschrieb, was seiner Meinung nach die hauptsächlichsten Faktoren für den Wohlstand und das Wohlergehen der USA seien: Erstens, die richtige Hardware (wie er es nannte), gleichbedeutend mit freien Märkten. Zweitens die richtige Software, was er als Kombination von funktionierenden politischen Institutionen, gesicherten Eigentumsrechten, dem Schutz von Innovationen sowie gleichen Wettbewerbsbedingungen für alle definierte. Drittens erwähnte er auch, dass der Wettbewerb sicherstellen müsse, dass jeweils die produktivsten Mitspieler gewinnen, dass aber ein minimales Sicherheitsnetz die Verlierer auffangen sollte.

Diese Hard- und Softwarekombination sei, so die Konklusion, derart genial in das politische, rechtliche und gesellschaftliche Design des Landes eingebaut, dass ihm auch törichte Führer nichts anhaben können. »It can be run by idiots«, folgerte er eben.

Dieser Grundsatz wird seit der Wahl von Donald Trump getestet. Mit ihm kam jemand an die Macht, der zwar die Hardware (die freien Märkte) über alles stellt und schützt, aber die Software auf verschiedenen Ebenen traktiert und erschüttert.

In einer noch nie gesehenen chaotischen Übernahme der Administration blieben zahlreiche Leitungsstellen bei den zentralen Regierungsämtern lange Zeit entweder vakant oder sie wurden mit inkompetenten Leuten an der Spitze besetzt. Entscheidend war, dass die neuen Chefs dem Präsidenten huldigten, Fähigkeiten und Kompetenzen spielten keine Rolle. Trumps Desinteresse an seiner Administration zeigte sich ebenso bei den Budgets, die massiv zusammengestrichen wurden. Investitionen wurden nicht mehr getätigt, bisherige Amtsinhaber entlassen, Projekte blieben liegen.

Parallel dazu begann Trump auch, das »minimale Sicherheitsnetz« weiter auszuhöhlen. Einzelne Teile von Obamacare wurden rückgängig gemacht und das CDC musste eine »erosion of budget and staff« erdulden. Die Corona-Krise zeigte in aller Brutalität, wie beschämend ungenügend das »minimale Sicherheitsnetz« tatsächlich (geworden) ist.

Ebenso sind die vielgerühmten amerikanischen Institutionen mit ihren »Checks and Balances« in Gefahr. Die in der Constitution festgeschriebene Gewaltenteilung zwischen Präsident, Kongress und Gerichtsbarkeit wird von Donald Trump immer wieder verbal angegriffen, und das mit voller Rückendeckung (sprich ohne Widerspruch) seiner Republikanischen Partei.

Das zeigt sich unter anderem bei der Nominierung der Bundesrichter. Die ca. 800 »Federal Judges« werden vom Präsidenten nominiert, müssen vom Senat bestätigt werden und sind dann auf Lebenszeit ernannt. Während einer vierjährigen Präsidentschaft werden regelmäßig einige Hundert dieser Richterposten frei und müssen neu besetzt werden. Geschah das üblicherweise nach parteipolitischen Aspekten, gelten heute streng ideologische Prinzipien. Lediglich Mitglied der Republikanischen Partei zu sein, reicht bei Donald Trump und dem republikanisch dominierten Senat nicht mehr. Nein, nur wer am ganz rechten, konservativen Flügel politisiert, ist überhaupt noch wählbar. Dies führt seit einiger Zeit zu einem klaren Rechtsrutsch bei den Gerichten, und es droht die Gefahr, dass durch die verpolitisierte Rechtsprechung immer mehr elementare gesellschaftliche Errungenschaften eliminiert werden (der Rückwärtsgang ist heute schon vorprogrammiert).

Kritisch ist die Situation vor allem am Supreme Court, wo Trump mittlerweile zwei Positionen neu mit sehr konservativen Richtern besetzen konnte. Damit ist das oberste amerikanische Gericht deutlich rechtslastiger geworden. Hinzu kommt, dass die zwei ältesten gegenwärtigen Supreme Court Judges 87 bzw. 81 Jahre alt sind; beide stehen auf der demokratischen, liberalen Seite. Die Chancen sind groß, dass sie in absehbarer Zeit zurücktreten werden. Deshalb ist klar: Nochmals vier Jahre Trump und der Supreme Court könnte auf Jahrzehnte hinaus extrem konservativ zementiert sein. Ein Gedanke, der sogar gesellschaftlich nur minimal progressive Amerikaner erschaudern lässt.

Eine der »heiligsten« unabhängigen Institutionen ist die Zentralbank, das Federal Reserve (Fed). Einzelne Präsidenten haben in der Vergangenheit mehr oder weniger verklausuliert versucht, dem Fed zu empfehlen, eine lockerere Geldpolitik einzuschlagen, um die Wirtschaft anzukurbeln. Die Direktheit und Unverfrorenheit von Trump jedoch, mit welcher er den (von ihm selbst ernannten) Zentralbankpräsidenten Jerome Powell permanent öffentlich angriff und unter Druck setzte, die Leitzinsen zu senken, war für die USA ein absolutes Novum. Zwar hat nun die Corona-Krise das Fed zu drastischen Zinssenkungen gezwungen, aber Trump wird mit Sicherheit neue Varianten finden, um den Druck weiter aufrechtzuerhalten.

Designed by geniuses mag das Land sein, und die Vergangenheit hat gezeigt, dass es tatsächlich auch »Idiots« in Führungspositionen verkraftet. Donald Trump passt nicht mehr richtig in dieses Schema und sprengt alle bisherigen Grenzen. Er ist der erste US-Präsident, der das »Design« des Landes schonungslos untergräbt. Und das konnten sich die »Geniuses« seinerzeit wohl nicht einmal im Traum vorstellen.

Infrastruktur

Im Oktober 2019 wüteten in Kalifornien wieder einmal massive Waldbrände. Ausgelöst wurde das sogenannte Kincade Fire von einer nicht richtig funktionierenden Hochspannungsleitung, von der ein Funke auf die zundertrockene Grassteppe übersprang. Das sich entfachende Feuer, angetrieben von trockenen, starken Winden mit Geschwindigkeiten von weit über 100 km/h, breitete sich rasend schnell aus und zerstörte innerhalb kürzester Zeit mehrere hundert Häuser.

Die für die Stromverteilung in Kalifornien zuständige Elektrizitätsgesellschaft PG & E Corp. (eine der größten des Landes) musste nach anfänglichem Abstreiten zugeben, dass solche Funkenwürfe immer wieder passierten. Aber: Die lange vernachlässigte Reparatur der mehr als zehntausend fehlerhaften Leitungen würde Jahre benötigen, weshalb man kurzerhand und pragmatisch für ein paar Wochen die Leitungen vom Netz nahm und damit über 800 000 Kunden glattweg den Strom abschaltete. Außerdem beantragte PG & E Konkurs, um sich vor den resultierenden Milliardenklagen zu schützen. Und all dies ausgerechnet in Kalifornien, unweit des reichen Silicon Valley! Wie bitte?

Infrastrukturinvestitionen haben es in den USA heute generell sehr schwer. Politiker wollen in der Regel nicht Gelder ausgeben, welche erst in der langen Frist positive Auswirkungen zeigen (die Kurzzeitmentalität lässt grüßen). Schon bei den nächsten Wahlen würde ihnen die Verschwendung von Steuergeldern vorgeworfen. Und sind private Gesellschaften involviert, dominiert das kurzfristige Denken ohnehin. Eine billige notdürftige Reparatur ist immer besser als eine teure Sanierung.

Die Folgen dieser langjährigen Vernachlässigungen sind eine auf breiter Front veraltete und unzuverlässige Infrastruktur, die täglich auf Schritt und Tritt sichtbar ist, egal wo man in den USA lebt. Chronisch überlastete Straßen mit zahlreichen Schlaglöchern; kaum vorhandene, unfertige oder bröckelnde Trottoirs (Achtung: Stolpergefahr); ein ständiges Flickwerk von Baustellen, die nie fertig zu werden scheinen; Regierungsgebäude in desolatem Zustand; technisch komplett veraltete IT-Infrastruktur bei staatlichen Institutionen; überirdisch geführte Stromleitungen, die regelmäßig von umgekippten Bäumen heruntergerissen werden (nach jedem Unwetter sind oftmals Tausende von Menschen ohne Strom); Bauten, die kurz nach Erstellung wieder repariert werden müssen, weil die Bauqualität minderwertig ist; mehr als 20 % aller Haushalte, die nicht an ein zentrales Abwassersystem angeschlossen sind.

Die Liste lässt sich beliebig fortsetzen. Gemäß Budget-Unterlagen des Weißen Hauses wären massive Investitionen auf breiter Front notwendig: Brücken, Schulhäuser, Spitäler, öffentlicher Verkehr, Eisenbahnen, Häfen, Pipelines, Dämme, Trinkwasser- und Abwassersysteme, Elektrizität, Technologie, Internet, die Liste hört nicht auf. Eine Billion Dollar hatte Präsident Trump an Infrastruktur-Investitionen großspurig angekündigt. Erstmals im Jahre 2016, dann wieder Anfang 2020. Der Kongress ging bisher gar nie darauf ein und argumentierte, dass die Mittel dazu fehlen würden. Wer weiß, vielleicht ändert ja die Corona-Krise die Meinung der Abgeordneten.

Auch in öffentlichen Rankings fallen die USA weiter und weiter zurück. Das World Economic Forum (WEF) beispielsweise bewertet regelmäßig die Qualität der Infrastruktur in verschiedenen Ländern. Im Jahre 2005 noch auf Platz 5, sind die USA heute nicht einmal mehr unter den Top Ten.

Selbst im eigenen Land kommt man zu keinem besseren Urteil. Die American Society of Civil Engineers (ASCE) publizierte 2017 eine detaillierte Report Card (eine Art Zeugnis) bezüglich des Standes der U.S.-Infrastruktur. Die Note war ein D+! (diese Note wird im Schulsystem übrigens praktisch nicht mehr vergeben – zu stark würde man die Schüler bzw. Studenten entmutigen). Die ASCE selbst erklärt in ihrer Studie die Bedeutung einer Note D wie folgt: »Die Infrastruktur ist in genügender bis schlechter Verfassung und zu großen Teilen unterhalb der geforderten

Standards. Viele Elemente nähern sich dem Ende ihrer funktionalen Lebensspanne. Ein großer Teil der Infrastruktur zeigt signifikante Abnützungs- und Zerfallserscheinungen. Zustand und Leistung sind besorgniserregend, mit hohem Ausfallrisiko«.

Weltmacht, und gleichzeitig Dritte Welt? Crazy Country USA eben.

Schulden, Schulden an der Wand

Die Vereinigten Staaten vor dem Konkurs? Geht Amerika pleite? Sind die USA bald zahlungsunfähig? Diese und ähnliche Schlagzeilen wiederholen sich mit immer häufigerer Regelmäßigkeit. Im April 2011 beispielsweise dominierten sie die weltweite Presse, als es zu einem epischen Showdown zwischen Präsident Obama und dem republikanisch dominierten Kongress kam. Eine Einigung erfolgte buchstäblich erst im letzten Moment, eine Stunde vor dem Auslaufen des noch geltenden Finanzierungsbeschlusses.

Zwei Jahre später, im Oktober 2013, kam es zu keiner Einigung mehr, dafür zu einem »Government Shutdown«, von dem über 2 Millionen Regierungsangestellte betroffen waren. Alle nicht essenziellen Regierungsbetriebe standen während 16 Tagen still. Zwei weitere Shutdowns erfolgten während der Amtszeit von Präsident Trump, im Januar 2018 für drei Tage und im Dezember 2018/Januar 2019 für 35 Tage (der bisherige Rekord). Das Spiel ist immer dasselbe: Demokraten und Republikaner können sich im ständigen politischen Gezanke nicht über Teile des Budgets einigen und beide Seiten weigern sich nachzugeben. Bei den letzten beiden Malen waren es die finanziellen Beiträge an Obamacare und die Auslagen für den Bau der Mauer an der mexikanischen Grenze.

Auch wenn die Schlagzeilen dramatisch tönen, sie sind falsch. Die USA sind prinzipiell nicht zahlungs*unfähig*, sondern manchmal einfach temporär und selbstbestimmt zahlungs*unwillig*. Es sind rein parteipolitische Spiele (wer bleibt sturer?), wenn der Kongress nicht bereit ist, ein Budget zu verabschieden und die Regierung deshalb kein Geld mehr ausgeben darf (ja, wollen und können sind zwei verschiedene Dinge). Außerdem: Amerikas Schulden sind alle in Dollar, und der Dollar ist nicht nur die Landes-, sondern auch die Weltwährung. Deshalb können die USA im Prinzip selber und im Alleingang entscheiden, wie viele Schulden sie aufnehmen wollen. Kein anderes Land hat dieses Privileg, und daran wird sich vorläufig nichts ändern. Eine andere Weltwährung als der Dollar ist noch für lange weit und breit nicht in Sicht.

Trotzdem: Die amerikanischen Staatsschulden kannten in den vergangenen 20 Jahren nur eine Richtung, nämlich nach oben. Von Bushs Feldzügen nach Afghanistan und Irak über Obamas Stimuluspaket nach der Finanzkrise bis hin zu Trumps Steuerreform: Immer gab es Gründe, warum man zusätzliche Schulden aufnehmen musste. Dabei erwiesen sich die Republikaner als besonders doppelzüngig. Während sie die schärfsten Kritiker jeglicher Erhöhung der Staatsausgaben waren, solange Obama Präsident war, änderte sich der Ton komplett mit ihrem Mann: Donald Trump. Jetzt waren Schulden plötzlich kein Thema mehr. Aus den stolzen »Fiscal Conservatives« wurden praktisch über Nacht großzügige, spendierfreudige Republikaner.

Lange Zeit galt unter Ökonomen und Politikern in den USA die Devise, wonach eine Staatsverschuldung in der Höhe des Bruttosozialproduktes (die sogenannte 100 %-Schwelle) nie erreicht werden dürfe. Mit den ersten Corona-Rettungspaketen kommt man nun dieser Grenze sehr nahe (sie wird wohl im Laufe von 2020 überschritten). Zählt man auch die Schulden der Staaten und Gemeinden dazu, sind die 100 % schon klar überschritten.

Auf einer anderen Ebene, aber genauso bedenklich wie die Höhe der staatlichen Schulden, ist das jährliche Staatsbudget, das die Einnahmen und Ausgaben während eines Jahres gegeneinander auflistet. Bill Clinton war der letzte Präsident, der diesbezüglich einen Budgetüberschuss ausweisen konnte (für die

Jahre 1998–2001), seither betrug das jährliche Budgetdefizit zwischen 1–10 % des BSP. Für das Jahr 2020 mit den Corona-Notmaßnahmen wird es alle Rekorde brechen, prognostiziert sind zwischen 15–20 % des BSP (aber Achtung: Don't blame Corona! Das Defizit war wie gezeigt bereits zuvor sehr hoch).

Das Problem des amerikanischen Budgets ist, dass 60 % davon fest gebunden sind, und zwar für die Social Security (vergleichbar mit der schweizerischen Alters- und Hinterlassenenversicherung, AHV) sowie Medicare (Krankenversicherung für über 65-Jährige) und Medicaid (Krankenversicherung für die untersten Einkommensschichten). Die verbleibenden 40 % werden als »discretionary budget« bezeichnet, etwa mit »zur freien Verfügung« zu übersetzen. Davon gehen jedoch mehr als die Hälfte für Militär und Grenzschutz weg und (dank den momentan tiefen Zinssätzen) etwa 20 % für Schuldzinsen. Für dringend nötige Sozialprogramme oder Infrastrukturinvestitionen bleiben demnach weiterhin nur Krümel übrig, es sei denn, man erhöht die Schulden. Womit sich die entsprechende Spirale weiter nach unten dreht.

Grün ist nur eine Farbe

Sehr bald nach unserer Ankunft in Atlanta Ende der 90er Jahre wurden wir mit der amerikanischen Realität der Abfallentsorgung konfrontiert. Aus der Schweiz daran gewöhnt, Abfälle zu trennen und in entsprechende Recycling-Behälter zu bringen, suchten wir nach analogen Möglichkeiten. Das erwies sich sehr bald als schwierig, denn alles, was es gab, war ein einziger riesiger Abfallcontainer, der von der Müllabfuhr wöchentlich geleert wurde. Nachbarn und Kollegen bestätigten, dass es normal sei, einfach alles in den Müll zu werfen (»yes, yes, it's ok to throw everything in the trash«). Und als wir uns erkundigten, was man denn zum Beispiel mit Batterien mache, wurden wir mit großen Augen angesehen. »What is special about batteries?«

Einige Zeit später wurden von der Entsorgungsfirma tatsächlich »Recycling-Bins« eingeführt, in welchen man von nun an Zeitungen, Karton, Glas, Plastik, Konserven, alles wild durcheinander, sammelte. Diese wurden, ebenfalls wöchentlich, von einem separaten Kehrichtfahrzeug geleert, womit unser ökologisches Gewissen doch etwas weniger gestresst wurde. Brav trennten wir von nun an den Abfall in die zwei Gruppen (Immerhin!).

Ein paar Jahre ging das so, bis eines Tages derselbe Kehrichtwagen nicht nur den Haushalts-Abfallcontainer, sondern auch den Recycling Bin leerte. Wir fragten den Fahrer, warum er beide mitnehme, worauf er kurz angebunden meinte: »Spielt keine Rolle, am Schluss geht alles auf dasselbe Landfill«. Perplex ob dieser Aussage fragten wir bei der Abfall-Entsorgungsfirma nach (Swiss-style), wo man uns aufklärte, dass man tatsächlich das Recycling-Programm aufgegeben habe. Zu kompliziert sei die manuelle Trennung der verschiedenen Abfälle, und die Arbeiter hätten sich an den Trenn-Förderbändern laufend an Glasscheiben und Metallteilen verletzt.

Etwa um dieselbe Zeit eröffnete IKEA das erste Geschäft im Süden der USA, in Atlanta. Wie es sich für die Firma gehört, installierte sie Abgabeboxen für gebrauchte Batterien, Glühbirnen, usw. Ein paar Jahre ging das gut, und auch wir füllten die Sammelboxen, bis sie plötzlich verschwunden waren. Als Grund gab IKEA an, dass man »hoffnungslos überrannt« worden sei mit Batterien, und die Entsorgung schlicht zu teuer wurde. Noch heute gibt es nur wenige Sammelstellen, und nur für Spezial-Batterien. Für normale Alkaline-Batterien gilt weiterhin die Empfehlung, dass diese nicht gefährlich sind und deshalb in den Müll gehören. Den meisten Leuten ist Batterie-Recycling nach wie vor unbekannt (ja, ausgerechnet Batterien ...).

Gut die Hälfte aller Abfälle der USA landen in »Landfills«. Das sind speziell abgegrenzte, riesige Flächen, auf welchen Abfall aufgeschichtet und »eingelagert« wird. Die größten von ihnen haben Übernamen wie »Mount Trashmore«, und wer – als ein Beispiel –

schon mit dem Auto auf dem Florida Turnpike von Orlando nach Miami gefahren ist, wird den 70 m hohen langgezogenen Hügel irgendwann nicht nur sehen, sondern auch riechen. Er ist zwar seit einigen Jahren mit Erde zugeschüttet und mit Gras überwachsen, aber was darunter alles vergraben ist, möchte man lieber nicht wissen.

Das Entsorgungswesen ist staatlich bzw. kommunal geregelt, was landesweit zu extremen Unterschieden führt. »Grüne Inseln« wie Berkeley oder San Francisco in Kalifornien fühlten sich seit jeher sehr europäisch an: Generell ist in den Westküstenstaaten sowie in Neuengland das ökologische Bewusstsein am stärksten ausgeprägt (Vermont ist stolz darauf, derjenige Staat mit der landesweit höchsten Recyclingquote zu sein). Trotz diversen Anstrengungen in gewissen Regionen liegt aber – über das Ganze gesehen – am amerikanischen Entsorgungskonzept immer noch vieles im Argen. Für viele ist Recycling nicht greifbar oder schlichtweg zu aufwendig.

Das Verständnis für die Umwelt steht gemeinhin nicht hoch oben auf der Prioritätenliste und die Sensibilisierung für dieses Thema geht den meisten ab. Man hat oft das Gefühl, die USA lebten auf einem anderen Planeten (»Der Rest der Welt geht uns nichts an!«). Sustainability ist zwar in den letzten Jahren zu einem großen Schlagwort geworden, aber den Worten folgen kaum Taten. An vielen Universitäten kann man zwar Lehrgänge mit gut klingenden Namen wie »Sustainable Development« oder »Environmental Engineering« belegen, aber das Land ist weit davon entfernt, den theoretisch dozierten Grundsätzen nachzuleben. Sehr oft konzentrieren sich die Anstrengungen auf das Marketing, um mittels »Greenwashing« den Anschein zu erwecken, dass man »environmentally responsible« sei. Als Europäer stehen einem die Haare zu Berge.

Die Trump Administration hat nichts unversucht gelassen, die ökologischen Anstrengungen und Fortschritte der Obama-Zeit wieder rückgängig zu machen (der Ausstieg aus dem Pariser

Klimaabkommen ist dabei nur ein Beispiel). Nochmals vier Jahre Trump und das Rad wird wohl komplett zurückgedreht werden.

Kein Wunder wird auch Global Warming in den USA nach wie vor auf breiter (rechter) Front bestritten und von wirtschaftlich-konservativen Kreisen glatt negiert. In einer Late Night Show im U.S.-Fernsehen meinte denn auch Greta Thunberg leicht frustriert, aber voll treffend: »In my country climate change is a fact, in your country it's a belief.«

USA und China – Eine komplexe Beziehung

Lange Zeit wurde die Beziehung zwischen den USA und China über Handelsströme betrachtet. Etwas vereinfacht: China produzierte die Konsumgüter für die USA (hergestellt mit Maschinen und Investitionsgütern aus Europa) und mit dem daraus entstehenden Handelsüberschuss kaufte China im großen Stil US-Staatsanleihen. Dass dies nicht nachhaltig sein konnte, war ökonomisch immer klar. Der ehemalige US-Präsident Bill Clinton brachte dies im Jahre 2004 in einer Rede, an China gerichtet, wie folgt auf den Punkt: »… Ich denke nicht, dass ihr (China) ewig um 9 % jährlich wachsen könnt in einem fundamental unausgewogenen System, in welchem ihr jeden Tag mit riesigen Summen amerikanische Staatsanleihen aufkauft, so dass wir in den USA den Dollar stark und die Zinsen niedrig halten können, damit wir weiterhin eure Produkte zu kaufen in der Lage sind.« Es war Wunschdenken von Clinton, das System ist bis heute unausgeglichen geblieben.

Donald Trump sah das Problem, aber packte es in seiner eindimensional-dreisten Art hauruckmäßig an, indem er die Zölle auf chinesische Produkte massiv erhöhte und einen Handelskrieg vom Zaun brach. Der Ausgang des Streites ist bis heute ungewiss, aber die Amerikaner haben dabei langfristig nicht die besseren Karten.

Der Handel ist nur ein Faktor, die Probleme mit China sind viel breiter angesiedelt. Im Rückblick haben die USA dem Aufstieg und zunehmenden Einfluss Chinas ziemlich einseitig-linear, ja geradezu naiv zugesehen. Amerikanische Firmen verlegten die Produktion noch so gerne ins Reich der Mitte, wo die Kosten tief und die Umweltvorschriften minimal waren. Dass dabei immer chinesische Unternehmen Mehrheits-Eigentümer sein mussten (und damit direkten Zugang zur amerikanischen Spitzentechnologie erhielten), nahm man hin, die Kostenersparnisse wogen alles auf. Gleichzeitig gab es für chinesische Firmen kaum Restriktionen in den USA, und heute sind diverse amerikanische Unternehmen komplett in chinesischem Besitz. »Nein, wir haben nichts mit dem chinesischen Staat zu tun, wir sind private Unternehmen ...« Hmm ... wirklich?

Genauso unreflektiert nahmen amerikanische Universitäten besonders gerne junge, wissbegierige Studenten aus China auf. Über chinesische Vermittlungsagenturen hatte (und hat) man einfachen Zugang zu einem riesigen Pool an potentiellen Studierenden. Die Studiengebühren wurden (und werden) immer pünktlich bezahlt, und außerdem waren (und sind) die chinesischen Studenten diejenigen, die sich noch für STEM-Fächer (Science, Technology, Engineering, Math) und generell quantitative Disziplinen interessier(t)en, ganz im Unterschied zu vielen (sehr) bequem gewordenen amerikanischen Studierenden. In bestimmten Studiengängen von US-Universitäten stammen heute über 90 % aller Studenten aus China. Früher blieben diese nach dem Studienabschluss fast immer in den USA und assimilierten sich. Heute jedoch kehren sehr viele nach Hause zurück und nehmen/bringen ihr Know-how mit. Ohne chinesische Studierende würden viele amerikanische Universitäten finanziell gar nicht überleben, genauso wie sie ihre Forschung nicht aufrechterhalten könnten.

Ebenfalls völlig unkritisch-unbedarft erlaubte man China die Gründung zahlreicher sogenannter »Confucius Institutes« und »Confucius Classrooms«, landesweit mehr als deren 600. Sie sind meist Universitäten zugeordnet und bieten verschiedene Kurse und Programme ab der 1. Klasse der Volksschule an – zumeist gratis. Sie werden von der chinesischen Regierung gesponsert und von der außenpolitischen Kulturorganisation »Hanban« geleitet. Die deklarierten Ziele sind Förderung der chinesischen Sprache und Kultur, Unterstützung der lokalen chinesischen Lehre sowie der Kulturaustausch.

Erst im Zuge der angespannten Beziehungen zwischen den USA und China sind die Confucius Institutes genauer überprüft worden. Anfang 2019 kam eine Untersuchung im Kongress zu dem Schluss, dass »… diese Schulen politischen Zwecken dienen, dass sie viel zu wenig überwacht werden, und dass Peking das liberale amerikanische Bildungssystem dazu missbraucht, ideologisch zu agitieren und sensitive Forschunsergebnisse zu stehlen …«. Im Weiteren wurde beklagt, dass Reziprozität nicht gelte (einmal mehr …), da die chinesische Regierung analoge kulturelle Programme der USA in China nicht toleriere.

In der Beziehung zu China stellten sich die USA viel zu lange gar nie die Frage nach dem größeren Gesamtzusammenhang. In bewährt-naiver Manier vertraute man darauf, dass freier Handel und Wissenstransfer grundsätzlich gut sind, und – vor allem – dass die amerikanische Art der Demokratie in einem sich entwickelnden Land letztendlich immer siegen würde (die »we are the greatest«-Überzeugung kann halt manchmal auch verblenden).

Heute präsentiert sich eine Situation, die viel komplexer ist. Neben der Frage, ob die wirtschaftlichen Beziehungen mit China »fair« oder »insgesamt ausgeglichen« sind, wird die politische Komponente immer lauter. Soll man chinesischen Firmen die Kontrolle über strategisch wichtige Industriezweige erlauben, wenn nationale Sicherheitsinteressen involviert sind? Firmen wie Huawei oder ZTE kamen schon vor Jahren auf eine amerikanische Black List. Und bei der Entwicklung der nächsten 5G-Mobiltechnologie stellt sich für die USA die Frage, inwieweit man chinesische Firmen mit dem Aufbau der 5G-Netzwerke beauftragen soll/darf/kann. Dies nicht etwa im eigenen Land (in den USA ist es sowieso undenkbar geworden), sondern in »befreundeten« anderen Ländern wie den europäischen Nato-Partnern. Die Angst, dass chinesische Firmen eine wie auch immer geartete Version ihrer staatlichen Kontrolle in die 5G-Technologie einbauen werden, ist beträchtlich.

Chaos in Zeiten von Corona

Der im Oktober 2019 publizierte Global Health Security (GHS) Index war die erste umfassende und globale Studie, die untersuchte, wie gut einzelne Länder auf Epidemien und Pandemien vorbereitet sind. Die USA erschienen in dieser Liste auf Platz 1, mit einigem Abstand!

Schon einige Monate später wurde der ganzen Welt vor Augen geführt, wie komplett unvorbereitet das Land in jeder Hinsicht war. Zu wenig von allem, von Spitalbetten über Beatmungsgeräte bis hin zu Schutzkleidung und Masken. Verzweifelte Gouverneure und Bürgermeister, die auf sich selbst gestellt waren. Das CDC (ohnehin schon an Geld und Personal kurz gehalten) welches sich zuerst weigerte, ausländische Tests verwenden zu lassen, dann einen eigenen Test entwickelte, welcher nicht funktionierte, und schließlich dann doch die ausländischen zulassen musste.

Einmal mehr zeigte sich, wie Sein und Schein in den USA auseinanderdriften können, oder man könnte auch sagen »Planning« und »Execution«. Nach 9/11 wurde begonnen, mit sehr viel Geld den Aufbau der NPS (National Pharmaceutical Stockpile) voranzutreiben. Kurz darauf kamen SARS 2002 und die Avian Flu 2003, welche die USA zwar kaum betrafen, aber umso mehr die Gesundheitbehörden wachrüttelten. Deren obersten Vertretern (darunter derselbe Dr. Anthony Fauci, der 2020 wieder im Zentrum stand) gelang es, den damaligen Präsidenten Bush davon zu überzeugen, dass es hätte viel schlimmer kommen können, da die USA miserabel auf solche Pandemien vorbereitet seien. Bush (im Unterschied zu Trump) hörte seinen Beratern zu und kündigte eine nationale Strategie auf drei Ebenen an. Erstens übten die USA Druck aus, dass alle Länder bei Pandemien sofort alle relevanten Informationen und Protokolle über die WHO zugänglich machen. Zweitens wurden massive Investitionen in die Lager für medizinisches Zubehör, Medikamente und Impfstoffe getätigt. Drittens wurde in einer gemeinsamen Initiative des Federal Governments, aller Staaten und einiger Großstädte begonnen, Pandemie-Reaktionspläne zu erarbeiten.

All diese Maßnahmen brachten die USA auf den ersten Platz im erwähnten GHS-Index. Verdient war dieser aber schon einige Zeit nicht mehr. Lager wurden seit Jahren nicht mehr umgeschlagen, Masken dadurch funktionsuntüchtig und Medikamente wirkungslos. Die Pandemie-Pläne verstaubten in der Schublade und wurden nicht aktualisiert. Produkte, die in Krisen essenziell sind, wurden im eigenen Land schon lange nicht mehr hergestellt (ja, einmal mehr zeigte sich die Abhängigkeit von China).

Dazu kam (und kommt) ein unglaublich arroganter Präsident, dessen Verhalten alles, was man von ihm schon kannte, in den Schatten stellte. Anfänglich andauernde Leugnung des Virus, erratische Ansprachen mit täglich wechselnden Überraschungen, aus der Luft gegriffene medizinische Falschaussagen (welche von seinen Spezialisten wieder korrigiert werden mussten), keine Spur von Mitgefühl, permanente Schuldzuweisungen an andere, unflätiges Zurechtweisen von kritischen Journalisten, Aufruf an seine Anhänger, gegen die staatlichen Lockdown-Verordnungen auf die Straße zu gehen, die Liste ist endlos. Seine täglichen Pressekonferenzen wurden zur Bühne für seine Wahlkampfpropaganda. »It's all about him, not about us«, war die allgemeine Wahrnehmung. Von kompletter Ignoranz und Arroganz zeugte sein Frontalangriff auf die Gouverneure: »I have total authority over States«, wozu der Gouverneur von New York lakonisch meinte: »We have a constitution, not a king!« Und komplett der Lächerlichkeit preisgegeben hatte er sich definitiv mit seinen Aussagen, sich gegen das Virus Desinfektionsmittel zu spritzen und ungetestete Medikamente einzunehmen.

Nebst dem in jeder Hinsicht unvorbereiteten Gesundheitswesen versank auch die Administration in einem riesigen Chaos. 30 Millionen Anträge auf Arbeitslosenunterstützung innerhalb fünf Wochen überlasteten ein altes, zum großen Teil noch auf Software aus den 80er und 90er Jahren basierendes System komplett. Online-Server funktionierten nicht, und es bildeten sich lange Schlangen vor den Ämtern. War der Antrag erst einmal gestellt, dauerte es Wochen (und länger), bis eine Auszahlung vorgenommen wurde (falls überhaupt). Die amerikanischen Amtsstuben sind schon im Normalfall nicht für Geschwindigkeit und Effizienz bekannt. Kein Wunder waren sie mit einer solchen Situation heillos überfordert.

Auch das sogenannte Payroll-Protection-Program, von der Regierung garantierte Corona-Kredite für kleine und mittlere Unternehmen, funktionierte nicht wie vorgesehen. Hohe Beträge gingen zuerst einmal an börsengehandelte Firmen, oftmals Dachgesellschaften von Unternehmen mit vielen kleinen Niederlassungen, wie beispielsweise Restaurant-Ketten. Wie immer gab es in den hastig verfassten Regeln diverse Schlupflöcher, die schamlos ausgenützt wurden (einmal mehr »what's in for me?«). Schon nach einigen Wochen in der Corona-Krise war klar, dass die Leidtragenden einmal mehr die weniger privilegierten, schlechter ausgebildeten, finanziell benachteiligten Bevölkerungsschichten sein würden. Damit werden die Gräben der Ungleichheit in der Gesellschaft künftig noch größer und tiefer.

Die größte Angst von Trump (und der Republikanischen Partei) war und ist nur eines: dass das Corona-Virus die Wirtschaft in die Knie zwingt und die Wähler sich im November von ihm abwenden könnten. Ersteres ist gewiss, die Frage ist bloß, wie lange es dauert, bis Lockerungen möglich werden und die Situation sich erholen wird.

Da die Leute in den USA grundsätzlich kurzfristig denken und schnell vergessen, ist am 3. November trotzdem immer noch alles möglich.

Decision 2020

Was wäre wenn …?

Im Jahre 2000 traten im Präsidentschaftswahlkampf der Demokrat Al Gore und der Republikaner George W. Bush gegeneinander an. Das Rennen war äußerst knapp, und am Schluss hing die Entscheidung am Staat Florida. Dort lag Bush – nach einer obligatorischen maschinellen Nachzählung – mit noch knapp 300 Stimmen im Vorsprung, und das bei fast 6 Millionen eingegangenen Wahlzetteln! Gore verlangte eine manuelle Nachzählung der Stimmzettel in einzelnen, traditionell demokratisch stimmenden Wahlbezirken (vor allem Miami und Palm Beach), worauf ein komplizierter Rechtsstreit durch die Gerichte in Florida begann.

Das Land schaute konsterniert zu, wie nach intensivstem Hin und Her der Fall schließlich beim Supreme Court in Washington landete. Am 12. Dezember 2000, mehr als einen Monat nach dem Wahltag, stoppte dieser die Nachzählung, womit Bush mit einem offiziellen Vorsprung von 537 Stimmen zum Präsidenten bestimmt wurde. Das ganze Verfahren war höchst umstritten und hinterließ einen sonderbaren Beigeschmack: einerseits weil der Supreme Court streng entlang der Parteilinien knapp mit 5:4 Stimmen entschied, andererseits weil das erste Mal seit mehr als hundert Jahren der unterlegene Kandidat das sogenannte »Popular Vote« gewonnen hatte, das heißt Gore erhielt mehr Wählerstimmen als Bush (und wie später im Jahre 2016 auch Hillary Clinton gegen Donald Trump). Zusätzlich für Schlagzeilen sorgte, dass die Staatssekretärin von Florida, die für die Durchführung und Zertifizierung der Wahl zuständig war, gleichzeitig auch als Co-Chair von Bush's Wahlkampagne in Florida wirkte. Na ja, ... wen wundert das schon? Florida als Staat und Miami als Stadt standen schon immer im Ruf, dass man die Dinge dort etwas eigenartig handhabt (als Einwohner von Miami erstaunt uns überhaupt nichts) ...

Was wäre wenn ...? 538 Florida-Stimmen hätten gereicht und die Weltgeschichte wäre anders geschrieben worden:

Trotz des Anschlags am 11. September 2001 wären die USA unter Präsident Al Gore nicht im Irak einmarschiert. Sie hätten auf die generelle Bekämpfung des Terrorismus und auf Verhandlungen fokussiert.

Anstelle des simpel-simplifizierenden »you are either with us, or you are against us« (Bush's Lieblingsslogan) wären die transatlantischen und anderen internationalen Partnerschaften gepflegt und weiterentwickelt worden.

Auf die zwei Vakanzen am Supreme Court (2005 wurde die Position des Chief Justice, des obersten Richters am Supreme Court, neu besetzt, und kurz darauf eine weitere Richterposition) wären unter Gore zwei liberalere Richter berufen worden (während Bush einen konservativen und einen erzkonservativen ernannte). Somit hätte sich das politische Gewicht des Supreme Courts verlagert. Anstatt einer 5:4 republikanischen Mehrheit wäre es zu einer 6:3 demokratischen Mehrheit gekommen.

Im Jahre 2008 wäre nicht der »schlechteste Präsident seit langem« abgetreten (Bush hatte am Ende seiner Amtszeit die tiefsten Zustimmungsraten aller Präsidenten der letzten 50 Jahre), sondern mit Gore (als eher zentristischem Demokraten) jemand, der umsichtiger und ausgewogener über die Parteigrenzen hinweg geführt und kein gespaltenes Land hinterlassen hätte.

Im Jahre 2010 fällte der Supreme Court einen wegweisenden Entscheid, der unter der Bezeichnung »Citizens United v. Federal Election Commission« in die Geschichte einging (einmal mehr

5:4, entlang der Parteilinien). Mit diesem Entscheid wurden alle Restriktionen zur Finanzierung von Wahlkampagnen aufgehoben. Vor allem auf republikanischer Seite wurden nun enorme Summen mobilisiert, um Wahlen auf allen Ebenen (Land, Staaten, Kommunen) massiv zu beeinflussen. Hätte Bush nicht die zwei konservativen Richter ernannt, wäre Citizen United nicht durchgekommen und Wahlspenden wären weiterhin limitiert geblieben.

Al Gore war (und ist immer noch) ein Climate-Change-Aktivist. Er erhielt unter anderem im Jahre 2007 den Friedensnobelpreis für seine diesbezügliche Arbeit. Mit ihm als Präsidenten hätte das Thema Umweltschutz in den USA einen anderen Weg eingeschlagen. Nur hinter vorgehaltener Hand würde sich heute jemand getrauen, Aussagen wie »there is no Global Warming« zu machen.

Die Wahl von Trump im Jahre 2016 wäre ohne die erwähnten Entscheide und ohne die von den Republikanern von langer Hand und mit riesigen Summen betriebene extreme Aufschaukelung von Gesellschaft und Politik nicht möglich gewesen. Schon die Ankündigung seiner Kandidatur wäre nicht mehr als ein schlechter Witz gewesen.

Der Flügelschlag eines Schmetterlings in Australien kann einen Wirbelsturm in der Karibik auslösen, wird manchmal kolportiert. Mag sein, aber auf jeden Fall ist klar, dass eine vermasselte Präsidentenwahl in Florida im Jahre 2000 den Weg in die heutige, extrem angespannte und schwierige Situation der USA mitgeebnet hat. Damit lässt sich allen Analysen, Theorien und Spekulationen darüber, wie Donald Trump am 8. November 2016 zum 45. Präsidenten der USA gewählt werden konnte, eine weitere hinzufügen.

50 Staaten – einige wenige entscheiden

Bei den Präsidentschaftswahlen 2016 gewann Hillary Clinton das sogenannte »Popular Vote« klar, sie erhielt 48,2 % aller Wählerstimmen des Landes, während Donald Trump lediglich 46,1 % erhielt. Immerhin eine Differenz von fast 3 Millionen Stimmen. In den meisten Demokratien wäre damit Clinton gewählt gewesen.

Nicht so in den USA, dort wurde Trump zum Präsidenten gekürt. Das amerikanische Wahlsystem ist speziell, indem es nicht auf dem »Popular Vote«, sondern auf den sogenannten Elektorenstimmen basiert. Jeder der 50 Staaten (plus der District of Columbia) hat so viele Elektoren, wie er Vertreter in den Kongress entsendet. So hat beispielsweise der Staat Florida, mit zwei Senatoren und 27 Mitgliedern des Repräsentantenhauses, insgesamt 29 Elektorenstimmen. Über alle Staaten gesehen ergeben sich insgesamt 538 Elektoren.

Zwei Dinge sind entscheidend. Erstens, wer die Mehrheit der Stimmen in einem Staat erhält, der bekommt dessen sämtliche Elektorenstimmen zugeteilt, egal ob die Stimmenmehrheit knapp oder weniger knapp war (50,1 % – ja, das genügt). Dieses »winner-takes-all«-System gilt, mit Ausnahme von Nebraska und Maine, in allen Staaten. Zweitens, um die Präsidentschaft zu gewinnen, muss ein Kandidat mindestens 270 Elektorenstimmen haben (538 geteilt durch zwei, plus 1).

Damit ergeben sich zum Teil seltsame Kombinationen. Bei der Wahl 2016 verlor Trump wie gesagt das »Popular Vote« gegen Hillary Clinton, aber am Schluss hatte er mit 304 gegen 227 Stimmen einen relativ großen Vorsprung bei den Elektoren. Oder bei der Wahl im Jahre 2000, als Gore das »Popular Vote« gegen Bush gewann, aber am Ende dank der »Zuteilung« von Florida durch den Supreme Court haarscharf die Wahl verpasste, mit 266 gegen 271 Elektorenstimmen. Hätte Gore die Wahl gewonnen, wären ihm alle Elektorenstimmen aus Florida zugefallen (und nicht Bush), und das Resultat hätte 291 zu 246 für Gore gelautet.

Bei U.S.-Präsidentschaftswahlen geht es deshalb in erster Linie darum, »möglichst viele Staaten zu gewinnen«, und vor allem solche mit zahlreichen Elektorenstimmen. Aber: Viele sind von Anfang an fest in den Händen einer Partei. Kalifornien mit 55 Elektoren zum Beispiel ist fix demokratisch, Texas mit 38 Elektoren fix republikanisch. In den letzten vier Präsidentenwahlen haben 37 Staaten konstant »red« (republikanisch) oder »blue« (demokratisch) gewählt. Westküsten- und Neuengland-Staaten sind eindeutige »Blue States«, während die Südstaaten konsequent zu den »Red States« gehören. Dies wird auch bei den Wahlen 2020 nicht anders sein. Deshalb konzentriert sich der Wahlkampf vor allem auf die sogenannten »Swing States«, deren Wählerschaft viele Wechselwähler hat und die deshalb je nachdem einmal »rot« und das nächste Mal »blau« wählen.

Auch am 3. November 2020 werden wenige Swing States das Zünglein an der Waage spielen. Allen voran Florida (oh je, einmal mehr!) mit 29 Elektorenstimmen, gefolgt von Pennsylvania (20), Michigan (16), North Carolina (15), Arizona (11) und Wisconsin (10). Ohio, eigentlich mit 18 Elektorenstimmen traditionell ein wichtiger Swing State, ging 2016 mit großer Mehrheit an Trump und gilt heute eher als »rot eingefärbt«.

Als statistikverrückte Nation lieben es die USA, vor Wahlen alle möglichen und unmöglichen Kombinationen durchzurechnen und in den Medien zu diskutieren. Dank der massiv verbesserten Datenqualität bezüglich des Stimmverhaltens der Bevölkerung (danke, soziale Medien) sind die Analysen von populären Websites wie fivethirtyeight.com oder 270towin.com erstaunlich gut geworden. Bei den Wahlen von 2012 sagte fivethirtyeight.com den Sieger in allen 50 Staaten korrekt voraus, was der Website und ihrem Gründer, Nate Silver, eine riesige Popularität eintrug. 2016 war die Vorhersage, dass Hillary Clinton gegen Donald Trump eine 71%ige Siegeschance habe. Dass sich auch die Profis täuschen können, ist zumindest ein schwacher Trost für alle, die ebenfalls komplett überrascht wurden (zum Beispiel wir).

Oder, hatten die Profis doch recht, und es waren andere, unbekannte Kräfte am Werk, von denen niemand weiß?

Gerrymandering – Wahlbeeinflussung auf Amerikanisch

Alle zehn Jahre findet in den USA eine Volkszählung statt, der sogenannte Census (im April 2020 war es wieder so weit). Aufgrund der bei der Zählung ermittelten Daten werden unter anderem die 435 Sitze des Repräsentantenhauses neu auf die 50 Staaten aufgeteilt, je nachdem wie sich die entsprechenden Einwohnerzahlen präsentieren. Gemäß dem Census von 2010 erhielt beispielsweise der Staat North Carolina 13 Abgeordnetensitze im Repräsentantenhaus zugesprochen. Diese Aufteilung hat Gültigkeit bis zum nächsten Census, also für die folgenden zehn Jahre.

Die Art und Weise, wie diese 13 Abgeordneten einzeln gewählt werden, ist genauso amerikanisch-speziell wie die Präsidentschaftswahlen. Der Staat, in diesem Falle North Carolina, wird in 13 Wahlkreise aufgeteilt, die nichts mit den bereits existierenden Bezirken (Counties) zu tun haben. In jedem dieser Wahlkreise gibt es zuerst Primaries (Vorwahlen), in denen je ein demokratischer und ein republikanischer Kandidat eruiert werden. Diese beiden Kandidaten treten anschließend in der eigentlichen Wahl gegeneinander an, und der Gewinner zieht ins Repräsentantenhaus in Washington ein.

Dieses Wahlverfahren ist soweit völlig unspektakulär, linear und simpel, ein Majorzsystem wie aus dem Lehrbuch. Dreizehn verschiedene Wahlkreise, in jedem treten je ein Demokrat und Republikaner an, die Stimmenmehrheit entscheidet. Keine Drittparteien, keine komplizierten Proporzverfahren, einfach einen Namen auf dem Ballot (Wahlzettel, je nach Staat Papier oder digital) ankreuzen.

In den meisten Demokratien werden die Wahlkreise durch neutrale Kommissionen festgelegt. In den USA ist heute das

Verfahren allerdings drastisch verzerrt. Die Wahlkreisfestlegung fällt in die Kompetenz der Parlamente in den einzelnen Staaten. Die jeweils dominierende Partei kann somit durch eine geschickte Wahlkreisgeometrie die Grenzen komplett in ihrem Interesse ziehen. North Carolina zeigt dies eindrücklich und perfekt. Im Staat halten sich demokratische und republikanische Wähler in etwa die Waage. Von den 13 Kongressabgeordneten sind jedoch deren zehn (!) Republikaner, und nur gerade drei Demokraten.

Das Manipulieren der Wahlkreise zum Vorteil der eigenen Partei hat in den USA eine sehr lange Tradition. Es hat sogar einen eigenen Namen: »Gerrymandering«. Der Name bezieht sich auf den Gouverneur von Massachusetts, Elbridge Gerry, der 1812 ein Gesetz unterzeichnete, das seiner Partei erlaubte, die Wahldistrikte für den staatlichen Senat nach eigenem Interesse zu ziehen. Einer der neu kreierten Distrikte hatte eine besonders skurrile Form, und ein Cartoonist in Boston zeichnete ihn als Salamander. Damit war der »Gerry-mander« geboren und das »gerrymandering« erfunden!

Seit damals sorgte das Verfahren immer wieder für Schlagzeilen und war ein Teil der normalen politischen Auseinandersetzung. Bis in die 90er Jahren hielten sich beide Parteien an eine Art »Gentlemen's Agreement«, wonach man einigermaßen innerhalb vernünftiger Grenzen bleiben würde. In den letzten 20 Jahren jedoch wurde »Gerrymandering« komplett extremisiert und perfektioniert. Dank immer präziseren Daten über die einzelnen Wähler und entsprechenden Software-Programmen kann man nun partei-optimale Wahldistrikt-Grenzen vom Computer errechnen lassen und sie zum eigenen Vorteil komplett ausreizen.

Nach Obamas triumphalem Wahlsieg im Jahre 2008 beschloss die frustriert-wütende republikanische Parteiführung, das Projekt »Red Map« loszutreten. Ziel: Bei den nächsten Kongresswahlen im Jahre 2010 sollte die Republikanische Partei in möglichst vielen Parlamenten der Staaten eine Mehrheit erreichen. So würde es möglich, nach dem Census von 2010 bei der Neubestimmung der Wahldistrikte möglichst viele Grenzen im Interesse der Republikaner zu ziehen.

Genauso geschah es, die Rechnung der Republikaner ging in jeder Hinsicht auf. In mehr als der Hälfte aller Staaten eroberten sie 2010 die Parlamentsmehrheit und/oder den Gouverneursposten. Das in den nächsten Jahren folgende, bislang extremste Gerrymandering bevorteilte die Republikaner ganz klar. Bei den Wahlen im Jahre 2016 gewannen – gemäß mehreren Untersuchungen – republikanische Kandidaten gut 20 Sitze im Repräsentantenhaus alleine aufgrund der spezifisch gezogenen Grenzen der Wahlbezirke. Am extremsten wurden diese in klassischen »Swing States« wie Wisconsin, Michigan, Pennsylvania, Florida oder North Carolina modelliert.

Bei diesem Unterfangen gibt man sich nicht einmal die Mühe, etwas zu verheimlichen. Im erwähnten extremen Fall von North Carolina meinte ein republikanisches Mitglied des Redistricting Committees dazu: »Ich schlage vor, die Wahlbezirke so zu ziehen dass zehn Republikaner und drei Demokraten gewählt werden ..., und zwar einfach weil es unmöglich ist, die Bezirke so zu ziehen, dass elf Republikaner und zwei Demokraten gewählt werden.« Ein solch einseitiger Vorteil einer Partei war und ist einmalig in der Wahl-Geschichte des Landes.

Diese immer massiver gewordene Wahlbeeinflussung wurde mehrere Male rechtlich angefochten und von Gerichten beurteilt. Schließlich landete der Fall von North Carolina beim U.S. Supreme Court (bestehend aus fünf Republikanern und vier Demokraten), der 2019 ein wegweisendes Urteil strikt entlang der Parteilinien fällte: Auch extremstes Gerrymandering könne nicht von einem Federal Court beurteilt werden, weshalb der Fall an die Gerichte in North Carolina zurückgegeben würde.

Damit bleibt der jeweilige Supreme Court des betreffenden Staates die letzte Instanz im Falle einer rechtlichen Anfechtung. Und hier beißt sich nun die Katze in den Schwanz: Dessen Mitglieder werden nämlich von denselben staatlichen Parlamenten gewählt, welche schon das extreme Gerrymandering durchgesetzt haben! Im Falle von North Carolina (wie in den meisten Fällen) sind es die Republikaner, welche zuerst die Wahlbezirke in ihrem Interesse fabrizieren und gleichzeitig auch die letzte Rekursinstanz mit eigenen republikanischen Richtern besetzen können.

Es gibt nur einen Ausweg aus dieser Blockade. Die Demokraten müssen 2020 möglichst viele staatliche Parlamente zurückgewinnen, damit bei der Neuziehung der Wahlbezirke nach dem 2020-Census wieder etwas mehr Ausgewogenheit herrscht (deshalb geht es am 3. Nov. 2020 für die USA um weit mehr als nur die Wahl des Präsidenten!).

Allerdings gilt im amerikanischen System der Grundsatz: Wer an der Macht ist, will sie auskosten. Trump und seine Partei haben das in einmaliger Art und Weise vorgelebt. Zuerst einmal wird es genügend Wählerstimmen und dann sehr viel Charakter bei der siegreichen Partei brauchen, um wieder auf anständigere (und zivilisiertere) Pfade zurückzukehren.

Single issue voters

Die sogenannten »single issue voters« spielen bei amerikanischen Wahlen eine wichtige Rolle. Damit bezeichnet man Wähler, die ihre Stimme nur aufgrund eines einzigen Kriteriums abgeben. Keine Differenzierung, keine vernetzten Überlegungen, keine kritischen Analysen, sondern ganz einfach lineares Denken und eine hundertprozentige Unterstützung für ein ganz bestimmtes einzelnes Anliegen.

Im naheliegendsten Falle sind dies diejenigen Wähler, die grundsätzlich und immer für »ihre Partei« wählen, seien es die Demokraten oder die Republikaner, völlig losgelöst von den jeweiligen Kandidatinnen und Kandidaten.

Nebst diesen Parteiwählern gibt es aber auch die typischen »single issue«-Themen. Allen voran steht die Abtreibung. Obwohl der Supreme Court im Jahre 1973 Abtreibungen de facto legalisierte, ist das Thema extrem kontrovers geblieben. Das geht so weit, dass man es in Gesprächen mit Nachbarn oder auf Partys nie thematisieren sollte, zu groß ist die Gefahr, dass man dabei in den Fettnapf tritt (oder schlimmer). Die Diskussion ist in weiten Teilen der Gesellschaft tabu, sogar Moderatoren von Talk Shows haben es verbannt. Im Wahlkampf 2016 zwischen Trump und Clinton waren die Positionen entlang den Parteilinien klar: Clinton als Demokratin war »pro choice«, also dafür, dass Abtreibungen legal bleiben. Trump als Republikaner war »pro life« und damit dagegen (ausgerechnet er …).

Steuersenkungen sind ein weiteres heißes Thema. Die Republikanische Partei hat sich seit den Reagan-Jahren auf die Fahne geschrieben, dass Steuern grundsätzlich schlecht sind und man diese so weit als möglich senken oder eliminieren muss. Auf der demokratischen Seite weiß man, dass dabei durch die Mindereinnahmen soziale Errungenschaften abgebaut und wichtige Investitionen in Bildung, Infrastruktur und Healthcare unmöglich werden. Trump ist ein kompromissloser Verfechter von »weniger Steuern«, während demokratische Kandidaten die Gegenseite vertreten (Bernie Sanders am vehementesten).

Die amerikanische Position gegenüber Israel (und damit eingeschlossen der Nahost-Konflikt) ist ebenfalls ein zentraler »single issue«-Faktor. Die jüdischen Wähler spielen in den USA eine wichtige Rolle, und historisch haben sie in der überwiegenden Mehrheit die Demokraten unterstützt. Viele haben jedoch Präsident Obama übel genommen, dass er während seiner Amtszeit versuchte, den israelisch-palästinensischen Konflikt aus einer differenzierteren Optik anzugehen. Kein Wunder, dass die jüdischen Stimmen 2016 in weit höherem Ausmaße als sonst an den republikanischen Kandidaten gingen, umso mehr als Trumps Tochter Ivanka mit Jared Kushner verheiratet ist, der aus einer »modern-orthodoxen jüdischen Familie« stammt und seit der Wahl als Berater von Trump eine klare Pro-Israel-Linie vertritt.

Manchmal ist die »single issue« auch simpler und geprägt vom Leitsatz: »Was liegt denn für mich drin?«. In einem hart umkämpften Wahlkampf für einen Senatssitz im landwirtschaftlich geprägten Staat North Dakota meinte Anfang 2018 ein Insider lakonisch: Wenn der Preis für Sojabohnen bei mindestens sechs Dollar liegt, wählen wir Farmer die Amtsinhaberin. Sonst den Herausforderer.

Zwei alte, weiße Männer

Tatsächlich, und irgendwie unglaublich! Im Jahre 2020 treten in der wohl weltweit wichtigsten Präsidentschaftswahl zwei alte, weiße Männer gegeneinander an: Donald Trump (Jahrgang 1946) und Joe Biden (Jahrgang 1942). Damit ist bereits vieles gesagt.

Gibt es in einem Land mit 330 Millionen Einwohnern und Zehntausenden von Politikerinnen und Politikern wirklich keine Alternativen? Keine Frauen, keine »Minority«-Vertreter, keine jüngeren Kandidaten, keine diesbezügliche Kombination? Wie auch immer das Resultat am 3. November 2020 lauten wird, eines ist sicher: In den kommenden Jahren wird eine Ära zu Ende gehen, und es ist völlig unklar, in welche Richtung sich die Parteien danach bewegen werden.

Joe Biden und die Demokraten

Als Hillary Clinton im Jahre 2016 zwar das »Popular Vote« gewann, aber die Wahl gegen Donald Trump verlor, war die Demokratische Partei komplett konsterniert: Wie konnte so etwas passieren, nachdem alle Vorhersagen schon lange und klar Hillary als Siegerin gesehen hatten? Was jetzt, und wie weiter?

Das vordringliche Ziel war sehr schnell definiert: Egal was und wie, bei den nächsten Präsidentschaftswahlen im Jahre 2020 musste Donald Trump um jeden Preis geschlagen werden! Als Politiker (oder auch einfach als interessierte Beobachter) hätte man nun eigentlich erwartet, dass daraufhin eine geeignete Strategie entwickelt und sukzessive mögliche Kandidaten aufgebaut würden. Oder dass die alte Führung etwas in den Hintergrund tritt, einer nächsten Generation Platz macht und diese unterstützt. Oder dass man sich überlegt, wie man die eigenen Wähler besser mobilisieren kann. Oder, oder, oder …

Nichts von alledem geschah. Nancy Pelosi, Jahrgang 1940, blieb an der Spitze der Demokraten im Kongress und wurde 2018 (nachdem die Demokraten die Kontrolle über das Repräsentantenhaus zurückgewonnen hatten) zum zweiten Mal als »Speaker of the House« vereidigt. Neue Gesichter mit Format hatten gegen die alte Garde keine Chance und blieben mehrheitlich unsichtbar. Im Wahlkampf für 2020 traten zwar insgesamt 28 demokratische Kandidaten und Kandidatinnen an, aber wirklich ernsthafte Bewerber waren spärlich, und (mit einer Ausnahme) alt oder sehr alt. Elizabeth Warren (Jahrgang 1949) hatte einen guten Start, aber nach unplausiblen und unfinanzierbaren Vorschlägen für eine Gesundheitsreform verblasste ihr Stern rasch. Bei Mike Bloomberg (Jahrgang 1942), einem der reichsten Amerikaner, zeigte es sich, dass man mit Geld vielleicht doch nicht alles kaufen kann (seine Kampagne dauerte kaum einen Monat). Der einzige Vertreter der nächsten Generation, Pete Buttigieg (Jahrgang 1982, also gerade einmal 38 Jahre jung!), überraschte zwar in vielerlei Hinsicht positiv, aber ihm fehlte die Erfahrung in einem wichtigen politischen Amt. Allerdings dürfte man von ihm künftig noch hören.

Die Demokratische Partei ist alles andere als homogen, und auch innerhalb der Partei bekämpfen sich zwei Strömungen seit langem: Moderate gegen Progressive. Oder personifiziert im Jahre 2020: Joe Biden gegen Bernie Sanders. Ersterer (Jahrgang 1942) ist ein Bewahrer, Letzterer (Jahrgang 1941) postuliert massive gesellschaftliche und politische Reformen.

Biden hat zwar die Nominierung seit April 2020 sicher, aber die Partei steht (noch) nicht geeint hinter ihm. Bei seinem Ausstieg aus dem Rennen um die Präsidentschaft erklärte Bernie

Sanders, dass er weiterhin auf den Abstimmungszetteln bleiben würde, um zusätzliche Delegierte zu gewinnen. Damit wolle er Druck auf die eigene Partei ausüben, um sie nach links ziehen zu können. Auf keinen Fall solle Joe Biden einfach nur das Rad auf 2016 zurückdrehen. »Zurück zum Zustand, bevor Trump an die Macht kam, ist kein Grund, im November an der Wahl teilzunehmen.«

Die Forderungen von Bernie Sanders, einem selbsterklärten Sozialisten, sind für Europäer nichts Besonderes, für die USA hingegen revolutionär. Die wichtigsten sind: Rieseninvestitionen in einen »New Green Deal«, um die Folgen des Climate Change zu bekämpfen; eine staatliche Krankenversicherung für alle; eine Vermögenssteuer für hohe private Vermögen; den Erlass aller bestehender Studienschulden sowie kostenlose staatliche Colleges; ein höherer gesetzlicher Mindestlohn und ein bezahlter Elternurlaub.

Der Druck von Sanders macht Joe Bidens Leben schwer und treibt ihn in ein Dilemma. Wenn er seinen Mitte-Kurs beibehält, riskiert er, Bernies Basis zu verlieren. Oder er bewegt sich näher zum Sanders-Programm und läuft Gefahr, die eher gemäßigten, unabhängigen Stimmen zu verlieren (Wechselwähler wie zum Beispiel die moderaten Trump-Wähler von 2016, Frauen in den Suburbs, Blue-Collar-Arbeiter). Biden versucht, die Balance zu finden und ist bereits um einiges nach links und damit näher zu Sanders gerückt.

Seit den 90er Jahren, als der republikanische Hardliner Newt Gingrich Speaker of the House wurde und die Partei nach rechts zog, wurden die verkrusteten politischen Strukturen immer deutlicher sichtbar und »Washington immer mehr dysfunktional«. Ein Grund für die Wahl Trumps war, dass er sich als »Ausmister« und »Erneuerer« verkaufte, attraktiv für all diejenigen, die wütend auf das elitäre und erstarrte Washington waren. Genauso hatten es die erfolgreichen demokratischen Präsidentschaftskandidaten der letzten 50 Jahre gemacht: Jimmy Carter, Bill Clinton und Barack Obama traten alle als Außenseiter an, aber sie versprachen, das Land in eine neue Richtung zu führen. Die nicht erfolgreichen hingegen (Al Gore, John Kerry, Hillary Clinton) hatten sich weitgehend auf ihre Erfahrungen in der Politik berufen.

Wenn Joe Biden die Wahl am 3. November gewinnen will, muss er einerseits die moderaten Wechselwähler (zurück-)gewinnen. Andererseits wird er auch der progressiven Flanke der Demokraten Konzessionen machen müssen. Und er wird den Wählern hoffentlich glaubhaft machen können, dass er Washington zum Guten verändern kann. Ein geschickter Spagat wird unerlässlich sein – nicht ganz so einfach in seinem Alter.

Donald Trump und die Republikaner
»Wie kann das sein?« Das haben sich unzählige Beobachter rund um den Globus am 8. November 2016 gefragt, als Donald Trump zum 45. Präsidenten der USA gewählt wurde. Jemand mit so vielen unverhohlen zur Schau getragenen Schwächen, mit praktisch unbeschränkten Angriffsflächen, mit offen demonstriertem, alles andere als staatsmännischem Verhalten wird in das wohl weltweit wichtigste politische Amt gewählt. Wirklich?

Auf einer persönlichen und charakterlichen Ebene war Trumps erste (und hoffentlich letzte) Amtszeit so ziemlich das Schlimmste, was man je von einem amerikanischen Präsidenten gesehen hat. Alles, was es auf dieser Ebene zu sagen gibt, wurde unterdessen irgendwann und irgendwo gesagt oder geschrieben (auch wenn natürlich alles »Fake News« sind). Mit Ausnahme vom TV-Sender Fox News und den rechtspopulistischen Radio Talk Show-Programmen verliert kaum mehr jemand positive Worte über ihn. Selbst die altgediente und einflussreiche republikanische Kommentatorin des anfänglich Trump eher wohlgesinnten Wall Street Journals, Peggy Noonan, kam im September 2019 zum vielsagenden Schluss: »... everybody knows Donald Trump is a mental case ...« (zu einer analogen Schlussfolgerung kamen übrigens 27 renommierte amerikanische Psychiater in ihrem Buch »The Dangerous Case of Donald Trump« schon im Jahre 2017). Somit ist eigentlich alles zusammengefasst.

Erstaunlich ist dabei, wie Politiker, Presse und Beobachter immer wieder versuchen, hinter Trumps Aussagen und Handlungen irgendeine Art von verborgener, aber unglaublich cleverer und geschickter Strategie zu erkennen. Trump lacht sich dabei wohl selber ins Fäustchen, hat er doch der Welt in Büchern, TV-Shows und Pressebeiträgen schon lange alles erklärt. So zum Beispiel in einem Interview mit Playboy im Jahre 1990: »The show is Trump, and it is sold-out everywhere!« Mehr braucht es nicht, um den Präsidenten der USA zu verstehen. Die Welt ist nichts als eine große Reality Show, und er ist Produzent und Hauptdarsteller zugleich mit dem Auftrag, sie jeden Tag mit schlagzeilenträchtigem Inhalt zu füllen. In einer solchen Welt ist es sinnlos, auf Dinge zu achten, welche er vor einem Monat oder auch nur vor einem Tag gesagt hat. Genauso sinnlos ist es, daraus irgendetwas für die Zukunft ableiten zu wollen.

Noch schockierender ist, wie offensichtlich alles, aber auch wirklich alles an Trump abzuprallen scheint. Sexistische Aussagen, frauenverachtende Statements, diffamierende und lächerlich machende Bemerkungen gegenüber unliebsamen oder in Ungnade gefallenen Personen, erniedrigende Kommentare über gegenwärtige und ehemalige Mitarbeiter (selbst hochrangige Kabinettsmitglieder oder Politiker), dreiste Verdrehungen und Lügen, er kommt mit allem davon. Beängstigend ist, dass mit Trump die Grenzen zwischen Wahrheit und Lüge komplett verwischt worden sind. Absolut unglaublich wird es, wenn selbst detaillierte journalistische Reportagen über seine Geschäftstätigkeit und sein Steuerverhalten Fakten darlegen, die bei jedem anderen amerikanischen Bürger eine Strafuntersuchung auslösen würden, aber an ihm einfach so und spurlos vorbeizugehen scheinen.

Als Trump im Jahre 2015 seine Kandidatur für die Präsidentschaft bekanntgab, waren zahlreiche Mitglieder der Republikanischen Partei perplex. Sie befürchteten, dass er den Ruf der Partei so stark schädigen würde, dass sie die Wahl nicht würde gewinnen können. Diverse Parteimitglieder starteten das »Never Trump movement« mit dem Ziel, die Nominierung Trumps als republikanischen Kandidaten zu verhindern. Alle Anstrengungen waren vergebens, und als Trump ins Weiße Haus einzog, galt ein neuer »Deal«. Trump gab den konservativen Republikanern einiges von dem, was sie wollten – Steuersenkungen, Pro-Israel-Strategie, Unterstützung der »pro life«-Bewegung (ausgerechnet Trump!), mehr Geld für die Verteidigung auf Kosten anderer Bereiche – und diese schauten dafür bei seinen Eskapaden und Charakterschwächen weg. Wohl kaum hätten sie gedacht, dass einige Jahre später Trump die ganze Partei total unter seine Kontrolle bringen würde. Wer heute politisch nicht spurt, dem wird offen mit Abwahl gedroht; es ist jederzeit genügend Geld für Anti-Kampagnen vorhanden. Die Republikaner scheinen jegliches Rückgrat verloren zu haben und folgen ihm blindlings. Das ist noch schwieriger zu verstehen (und zu tolerieren) als die Tatsache, dass ein Showmaster im Weißen Haus das Publikum nach eigenem Gusto bedient. Und das ist schon schwierig genug.

Auch im Jahre 2020 hat Trump (und haben die Republikaner) sehr viele Wähler sicher auf seiner (ihrer) Seite. Sollte es ihm erneut gelingen, genügend Wechselwähler mobilisieren zu können, wären nochmals vier Jahre Trump durchaus möglich. Dann allerdings kann man auf gut Amerikanisch nur sagen: »… so help us God!«

Realistisch, surreal … oder einfach crazy?

Am 3. November 2020 verlaufen die U.S.-Wahlen im ganzen Land normal. Die Wähler gehen an die Urne, der Sieger frohlockt, der Verlierer gesteht seine Niederlage ein. Je nach Wahlausgang freut sich die eine Hälfte der Amerikaner – oder die andere Hälfte der Amerikaner *und* der Rest der Welt.

Im Gefolge der Corona-Krise muss brieflich abgestimmt werden. Donald Trump erklärt unermüdlich, dass damit dem Wahlbetrug Tür und Tor geöffnet wird. Seine Angst und diejenige der Republikaner ist riesig, dass bei einer brieflichen Abstimmung deutlich mehr demokratische Stimmen abgegeben werden (Wahlbetrug? Zum Vorteil der Demokraten? Seit wann?).

Die »me too«-Anschuldigungen gegen Joe Biden werden so stark, dass er an der demokratischen Convention im August 2020 nicht als Kandidat bestätigt wird. Was nun? Wer nun? Bernie Sanders? Oder eine große Überraschung? Hitzige Diskussionen und tiefe Zerrüttung innerhalb der Demokratischen Partei. Die Wechselwähler wenden sich ab und finden ihren Weg zurück zu Donald Trump.

Nach der Bestätigung beider Kandidaten an ihrer jeweiligen Convention im August, aber vor dem 3. November 2020, ist einer von beiden aus gesundheitlichen Gründen nicht mehr in der Lage, weiterhin zu kandidieren. Dieser Fall ist einer der »grauen« Bereiche im amerikanischen Wahlrecht, es gibt dafür keinen Präzedenzfall. Wird die Wahl verschoben? Wird ein Ersatzkandidat oder eine Ersatzkandidatin nominiert?

Trump tritt vor der Wahl zurück, da er realisiert, dass seine Siegeschancen schwinden. Er nominiert seinen Vize (Mike Pence) als Präsidenten und dieser wird vom Kongress bestätigt. Alle Wahlzettel sind bereits gedruckt, eine Anpassung innerhalb kurzer Frist ist nicht mehr möglich. Die Wahl muss verschoben werden. Die Verfassung schreibt klipp und klar vor, dass um 12 Uhr mittags am 20. Januar nach der Wahl die Amtszeit des gewählten Präsidenten beginnt. Aber was, wenn die Wahl gar nicht stattgefunden hat?

Biden gewinnt die Wahl im November knapp, Trump verlangt mit viel Getöse eine Nachzählung. Diese bestätigt erneut Biden. Trump weigert sich, die Niederlage einzugestehen und verkündet lautstark, dass die Wahl gezinkt (fake, fake, fake) war und er im Amt bleiben wird. Er mobilisiert seine Anhänger, die einen bewaffneten »Marsch auf Washington« inszenieren.

Trump verliert die Wahl. Mittels Klagen zögert er die Bestätigung so lange wie möglich hinaus, akzeptiert aber schließlich die Niederlage. Selbstverständlich in Trump'scher Manier: Spektakel, Lügen, Anschuldigungen, Selbstinszenierungen. Seine Anhänger sind wütend und überzeugt, dass die Wahl gestohlen wurde.

Trump verliert die Wahl, verschwindet aber nicht einfach von der Bildfläche. Er erfüllt sich seinen alten Wunsch und baut sein Medien-Imperium auf. Mit seinem Trump News Network (TNN) entfaltet er viel mehr Wirkung als während seiner Präsidialzeit. Die Medien nehmen dankbar auf, was er ihnen permanent vorgibt. Biden ist zwar Präsident, aber Trump spielt eine zentrale Rolle. Im Frühjahr 2021 hört man bereits, dass er eine Kandidatur für 2024 »nicht ausschließt«.

Die Wahlen 2020 sind für Trump win-win. Gewinnt er, ist er für weitere vier Jahre Präsident. Verliert er, werden sich die Medien noch so gerne weiterhin seiner annehmen.

Man wappne sich für verrückte Zeiten – crazy times, crazy country!

Stairways to ...

Das 20. Jahrhundert hatte die USA an die Spitze katapultiert: Mit Abstand stärkste Wirtschaftsmacht, schlagkräftigste Armee, ein politisch allein übriggebliebenes System namens Kapitalismus, ein vernünftiges Ausmaß an Staatsschulden ... am Ende der Clinton-Präsidentschaft im Jahr 2000 war klar, dass es nur einen »Leader of the World« gab: Die USA.

In den letzten 20 Jahren ist vieles geschehen, und einiges steht in den USA zurzeit gar nicht zum Besten. Wie wird es weitergehen? Ist das Land definitiv auf dem absteigenden Ast? Oder ist einfach die ganze Welt »crazier« geworden und die USA werden noch lange ihren Platz zuvorderst verteidigen?

Stairways to heaven oder stairways to hell, das ist hier die Frage.

... Heaven

Verschiedene entscheidende Vorteile waren und sind ein mächtiges Gegengewicht zu allem Pessimismus. Sie werden es den USA erlauben, das Rad – wie schon so oft in der Vergangenheit – herumzudrehen, als Land wieder aus der Talsohle herauszufinden und noch lange an der Spitze zu bleiben.

Checks and Balances – Der amerikanische Präsident wird höchstens für zweimal vier Jahre gewählt. Auch wenn in dieser Zeit viel Porzellan zerschlagen werden kann, ist der Schaden zumindest zeitlich begrenzt. Mit jedem neuen Präsidenten zieht auch eine neue Administration ein, welche die Fehler der vorangehenden wieder ausbügeln kann.

Unerschütterlicher Optimismus – Der Glaube daran, dass alles immer okay sein wird, dass alle Krisen überwunden werden können, dass das Land und seine Bewohner für alle Probleme immer eine Lösung finden, und dass es nirgendwo besser sein kann als in den USA, ist im wahrsten Sinne des Wortes unerschütterlich (und weltweit einmalig): »Shit happens, but life goes on«, »it's just a phase«, »we will get through this« und »things will be all right«.

Das Land der Start-ups und Unternehmer – Die Start-up-Szene in den USA, zusammen mit den unendlichen Finanzierungsmöglichkeiten mittels Venture Capital und Private Equity, ist nach wie vor einzigartig.

Englisch als Weltsprache – Die Dominanz des Englischen als Weltsprache und »Lingua franca« wird bleiben. Überall auf der Welt werden internationale Firmen weiterhin Englisch als Konzernsprache benützen.

Amerika als Wirtschaftsmacht – Gemessen an der Wirtschaftsleistung (oder im ökonomischen Jargon am nominalen Bruttosozialprodukt) sind die USA nach wie vor (und mit einigem Abstand) an der Spitze. Diese wirtschaftliche Power wird nicht einfach verschwinden, und Konkurrenz ist etwas, das ein Land wie die USA schon immer angetrieben hat.

Der Dollar als Weltwährung – Der amerikanische Kapitalmarkt ist nach wie vor mit Abstand der wichtigste und liquideste der Welt. Am Dollar wird noch lange Zeit einfach kein Weg vorbeiführen.

Unlimitiertes Schuldenpotential – Kein anderes Land kann seine Schulden in der Weltwährung aufnehmen und hat gleichzeitig den größten Finanzmarkt im Rücken. Grundsätzlich haben die USA ein fast unlimitiertes Schuldenpotential, die Gelddruckmaschinen können, wenn nötig, sehr lange auf Hochtouren laufen.

An der Spitze in der Forschung – Sei es in den globalen Universitäts-Rankings, bei der Anzahl erhaltener Nobelpreise oder in der Zahl der veröffentlichten wissenschaftlichen Publikationen: Die USA sind an der Spitze. Egal auf welchem Gebiet man sich forschungsmäßig weiterbilden oder etablieren möchte, man wird hier Gleichgesinnte und vor allem entsprechende Universitäten, Institute und Labors finden.

Militärische Dominanz – Kein anderes Land kommt auch nur ansatzweise in die Nähe der USA, wenn es um Investitionen ins Militär geht. Etwa ein Drittel aller Rüstungsausgaben weltweit werden von den USA getätigt, mehr als doppelt so viel wie diesbezüglich das zweitplatzierte China.

Last but not least: Erneuerungsfähigkeit – Amerika hat in den letzten Jahrzehnten vieles durchgemacht. McCarthy-Ära, Vietnam-Debakel und -Proteste, Kalter Krieg mit atomarer Aufrüstung, Entfesselung des Kapitalismus mittels Deregulierung, kriegerische Handlungen in weit entfernten Weltgegenden, Polarisierung der Politik und Gesellschaft. Was immer passierte, irgendwie fanden die USA immer einen Weg zurück.

... Hell

Seit George W. Bush im Jahre 2001 seine Präsidentschaft antrat, ist viel passiert, und es bestehen keine Zweifel, dass die USA den Zenit überschritten haben. Der gegenwärtige Präsident ist nur eines der Probleme, er wird ja irgendwann ersetzt. Wichtiger sind verschiedenste gesellschaftliche und politische Entwicklungen der letzten Jahrzehnte, deren Trend nicht mehr einfach umkehrbar ist. In mancherlei Hinsicht ist Amerikas Stern schlichtweg am Sinken und das Land hat schwierige Zeiten vor sich.

Eine gespaltene Nation – Die USA wurden mit einem Zwei-Parteien-System gegründet und waren politisch immer »zweigeteilt«. Trotzdem: Die heutige politische Spaltung ist besorgniserregend. Extreme Parteidisziplin wird (vor allem bei den

Republikanern) rigoros durchgesetzt, es gibt keine Kompromisse mehr, man bewegt sich nur noch in den eigenen Echokammern.

Eine blockierte Nation – Seit mehr als zehn Jahren sind Politik und Land gelähmt, kaum etwas geht mehr. Einen Tag nach der Wahl von Barack Obama im Jahre 2008 verkündeten die rechtsextremen Radio Talk Show Hosts, zusammen mit dem TV-Sender Fox News, das neue Mantra: Obama und die Demokraten müssen mit allen Mitteln und um jeden Preis politisch blockiert werden. Das wurde knallhart durchgezogen, was Obama zu einem populären, aber nicht sehr wirkungsvollen Präsidenten machte. Eine geeinte Führung wäre dringend nötig, aber Washington hat damit nicht mehr viel am Hut. Weder national noch global.

Vertrauensverlust und Lügenkultur – Was der gegenwärtige Präsident in extremis vorgelebt hat, ist salonfähig geworden: Lügen, und dies mit einer unglaublichen Dreistigkeit. Fakten werden entweder nicht zur Kenntnis genommen oder als »Fake News« abgetan. Die Verwischung zwischen Wahrheit und Lüge kreiert Unsicherheit, Hilflosigkeit, Skrupellosigkeit und Vertrauensverlust.

Eine verschuldete Gesellschaft – Auf jeder Ebene, angefangen bei der Regierung in Washington und bis hinunter zu den einzelnen Personen, sind die USA hoch verschuldet. Das Leben auf Pump hat Land und Leute an die Grenze getrieben.

Ungleichheit – Der Graben zwischen Arm und Reich wird immer größer und konfliktträchtiger. Die soziale und gesellschaftliche Mobilität hat stark abgenommen, wer unten ist, kommt nur sehr schwer nach oben.

Rassismus – Dieser existiert zwar auf Papier und im Gesetz nicht mehr, in der Realität jedoch sehr wohl. Auch im 21. Jahrhundert ist die latente Diskriminierung und brutale Polizeigewalt gegen Schwarze präsent (»Black Lives Matter«). Freiheit und Gerechtigkeit ist für viele Schwarze keine Selbstverständlichkeit, viele sehen sich Vorurteilen und rassistisch motivierter Ungleichheit ausgesetzt (»racial profiling«). Mit Obama wurde zwar ein schwarzer Präsident gewählt, aber der unterschwellige Rassismus ging damit nicht zurück. Im Gegenteil, viele ältere weiße Amerikaner hängen der Vergangenheit nach, als sie die dominierenden Kräfte im Lande waren.

Ein vernachlässigtes Ausbildungssystem – Die USA bilden ihre Einwohner immer schlechter aus. Große Teile der Bevölkerung sind selbst mit einfachsten Aufgaben intellektuell überfordert. Allgemeinbildung ist irrelevant, die Motivation, zu lernen, ist gering, wissenschaftliche Fächer sind unwichtig geworden. In die öffentliche Bildung zu investieren, wäre dringendst notwendig; leider passiert das Gegenteil (die Corona-Krise könnte diesen Abbau noch mehr beschleunigen).

Kranke Bevölkerung – 70 % der Bevölkerung sind übergewichtig, mehr als die Hälfte davon massiv. Dies führt zu verschiedenen Folgekrankheiten wie Diabetes, Herz- und Gelenkproblemen, deren Behandlung kostspielig ist.

Ein teures Healthcare-System – Medizinische Behandlungen sind teuer, Krankenversicherungen für viele unerschwinglich. Die unselige Koppelung von Krankenkasse und Arbeitsstelle führt dazu, dass das Gesundheitssystem nur noch für die Gutsituierten wirklich erschwinglich ist und funktioniert.

Sustainability und Greenwashing – Nicht nur ist Global Warming eine reine Glaubensfrage, auch alles, was mit Umweltschutz oder Sustainability zu tun hat, sind im besten Falle Schlagworte. Recycling-Produkte enden im Abfall, und der Abfall landet auf dem Landfill. Umweltgifte in der Landwirtschaft, im Trinkwasser, in der Luft … alles kein Problem, solange der Profit stimmt.

Checks and Balances – Ja, die vielzitierten Checks and Balances, die bisher immer dafür gesorgt haben, dass dank des Meisterwerks namens »Constitution« die Gewaltenteilung und damit die Regierung und das Land funktionieren – und das auch in schwierigen Zeiten. Sie sind heute nicht mehr sankrosankt, da sich der Präsident mehr wie ein Diktator gebärdet und – zusammen mit seiner Partei – versucht, sowohl die Judikative als auch unabhängige zentrale Institutionen wie das Federal Reserve unter seine Kontrolle zu bringen.

Die Kombination dieser (und weiterer) Faktoren ist für die USA eine enorme Herausforderung. Es wird schwierig, diese zahlreichen negativen Trends umzudrehen. Für die USA ist es eine Minute vor zwölf. Oder schon zu spät?

Es kommt wohl darauf an, wie präzis die Uhr ist.

NACHWORT

Unser Buch war bereits im Lektorat, als die Nachricht von George Floyds Tod um die Welt ging. Als langjährige Einwohner von Atlanta – eine Stadt mit über 50 % Afroamerikanern und die seinerzeitige Wirkungsstätte von Martin Luther King – sind wir den Themen Diskriminierung, Rassismus oder aber »White Supremacy« immer wieder und in verschiedenster Art und Weise begegnet.

Bewusst haben wir im Buch nicht spezifisch über das Thema Rassismus in den USA geschrieben. Wir glauben, dass diese enorm vielschichtige und komplexe Thematik eine separate, breite und tiefe Diskussion verdient. Sie geht weit über brutale Polizeigewalt und Protestdemonstrationen hinaus.

Wir können uns vorstellen, dass ein Buch darüber eines unserer nächsten Projekte sein wird.